Die 12 Strategien der Macht

Entwürfe für die Zukunft – Band 24

FSC
www.fsc.org
MIX
Papier aus verantwortungsvollen Quellen
Paper from responsible sources
FSC® C105338

Kontakt: www.HarryEilenstein.de
Harry.Eilenstein@web.de
Harry Eilenstein bei youtube

Verlag: BoD · Books on Demand GmbH, Überseering 33, 22297 Hamburg, bod@bod.de
Druck: Libri Plureos GmbH, Friedensallee 273, 22763 Hamburg

ISBN: 978-3-8192-9677-2

Inhaltsübersicht

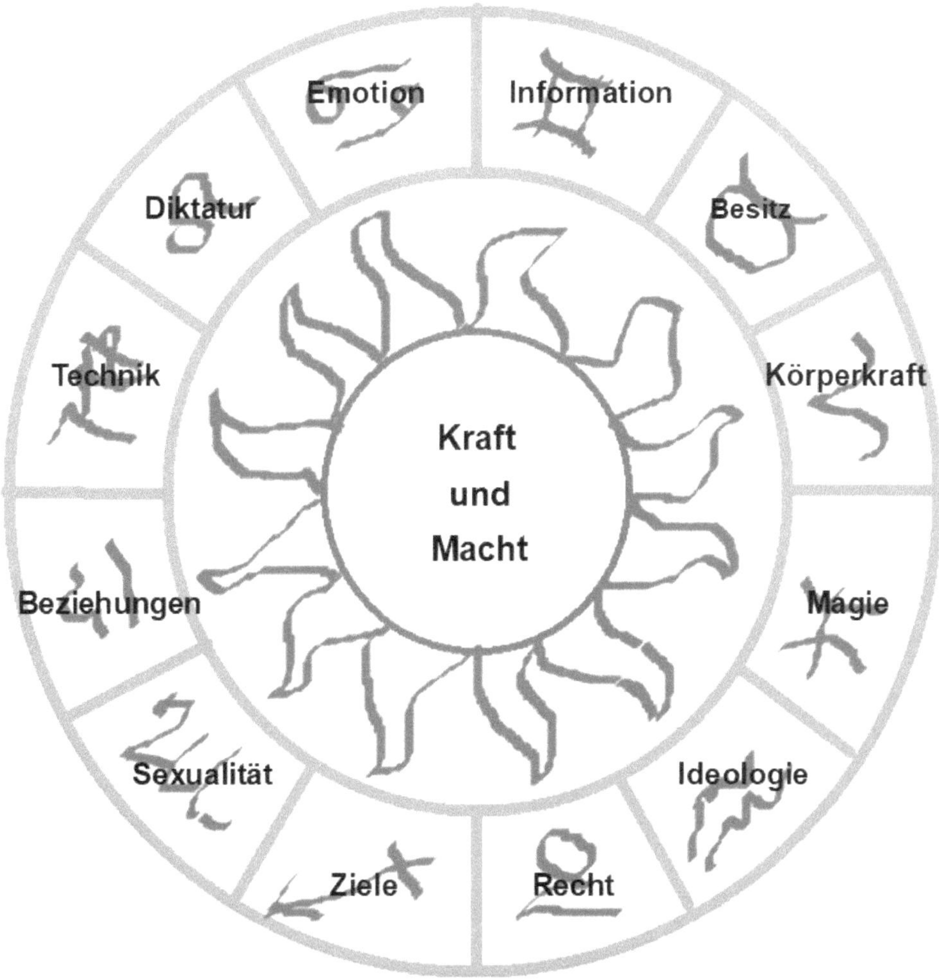

Warum 12?

Alle Bücher dieser Reihe haben genau 12 Kapitel – was sich ja auch in den Titeln dieser Bücher widerspiegelt. Warum?

In diesen Büchern wird der Tierkreis als Matrix von 12 verschiedenen Sichtweisen auf die Welt verwendet, um das Thema des Buches möglichst umfassend in 12 Kapiteln zu betrachten. Dadurch wird eine ausgewogenere, umfassendere und tiefere Einsicht in das jeweilige Thema erlangt als es ohne ein solches Raster, ohne eine solche Matrix möglich wäre.

Der Tierkreis wird in dieser Buch-Reihe als Forschungs-Hilfsmittel benutzt, durch das die Einseitigkeiten in der Betrachtung zumindest vermindert werden können. Weiterhin werden durch dieses Vorgehen diese 12 Sichtweisen auch als Ergänzungen zueinander, als organische Teile eines Ganzen deutlich.

Die Inspiration zu diesem Vorgehen stammt aus Hermann Hesses Roman „Das Glasperlenspiel“, für das er 1946 den Literatur-Nobelpreis erhielt. In diesem Roman beschreibt er die öffentlichen Darstellungen von Übersichten und Gesamtbetrachtungen, die mithilfe von verschiedenen allgemeinen Strukturen wie z.B. dem Ba Gua aus dem chinesischen Feng-Shui angefertigt und aufgeführt werden.

Diese Buch-Reihe ist ein Versuch, Hesse‘s Idee im ganz Kleinen konkret zu verwirklichen.

Die Blickwinkel der 12 Tierkreiszeichen sind:

♈	Widder:	Spontaner
♉	Stier:	Genießer
♊	Zwilling:	Neugieriger
♋	Krebs:	Familienmensch
♌	Löwe:	Egozentriker
♍	Jungfrau:	Handwerker
♎	Waage:	Schöngeist
♏	Skorpion:	Tiefgründiger
♐	Schütze:	Idealist
♑	Steinbock:	Realist
♒	Wassermann:	Theoretiker
♓	Fische:	Träumer

1. Körperkraft

♈

a) die Art der Macht

Da die Sprache nicht ganz so eindeutig ist, wie man manchmal anzunehmen geneigt ist, ist es ratsam, zu Beginn dieser Betrachtung zu beschreiben, wie einige wichtige Begriffe hier benutzt werden. Das soll nicht heißen, dass ihre Verwendung nur so richtig ist, sondern es soll nur Missverständnissen vorbeugen.

- „**Stärke**" wird in dieser Betrachtung als die Fähigkeit eines Menschen angesehen, also das Maß an Kraft, die er maximal mobilisieren kann.

Dieses Wort stammt von dem indogermanischen Verb „ster" für „starr, steif, hart" ab. Von diesem Wort sind auch „starren, störrisch, sterben, derb, Streit, stramm, streben, straff, Dorn" und noch etliche andere abgeleitet worden.

Mit „Stärke" ist also ursprünglich in etwa „Standhaftigkeit" gemeint gewesen.

- „**Kraft**" ist die Fähigkeit eines Menschen, etwas für sich selber oder auch für andere zu tun und seinen eigenen Weg zu gehen. Diese Kraft ist etwas, was er „für sich" und nicht „gegen andere" anwendet. Diese Kraft ist daher eng mit der persönlichen Freiheit verbunden.

Dieses Wort stammt von dem indogermanischen Verb „ger" für „drehen, winden, sich zusammenziehen, verkrampfen" ab. Von diesem Wort sind auch „Krampf, Krapfen, Kreis, Kranz, Krampe, Krümmung" und noch einige mehr abgeleitet worden.

Mit „Kraft" ist also ursprünglich das Zusammenziehen der Muskeln und die dadurch entstehende Beugung eines Gelenkes gemeint.

- „**Macht**" ist Kraft, die gegen andere angewendet wird. Macht ist das Prägen des Verhaltens der anderen. Daher ist Macht mit Dominanz und Herrschaft verknüpft.

Dieses Wort stammt von dem indogermanischen Verb „magh" für „können, vermögen“ ab. Von diesem Wort sind auch „möglich, Macht, Vermögen“ abgeleitet worden.

Mit „Macht“ ist demnach ursprünglich die Fähigkeit gemeint gewesen, etwas zu tun bzw. seinen Willen durchzusetzen.

- „**<u>Gewalt</u>**“ ist schließlich eine Form der Macht, die zu großem Druck auf die anderen bereit ist, um sie zu dem Verhalten zu zwingen, das der Gewalttätige von ihnen verlangt.

Dieses Wort stammt von dem indogermanischen Verb „ualdh“ für „stark sein, beherrschen“ ab. Von diesem Wort sind auch „verwalten, Verwalter“ sowie der Personenname „Walter“ abgeleitet worden.

„Gewalt“ ist folglich ursprünglich die Fähigkeit eines Herrschers, sich durchzusetzen, gemeint gewesen.

Die Form der Macht, die zu dem Tierkreiszeichen Widder gehört, ist die ganz schlichte Körperkraft, mit der man sich gegen andere durchsetzen kann. Im Individuellen ist dies der Kampf, im Kollektiven ist dies der Krieg. Im Extremfall siegt in diesem Kampf/Krieg der, der diesen Kampf/Krieg überlebt.

Dieses „Recht des Stärkeren“ ist auf die Lebewesen als Ganzes gesehen auch ein Teil des Evolutionsprinzips: Der Stärkere bzw. genauer gesagt, der am besten an die Umstände Angepasste, überlebt.

b) Kraft und Macht

Die Unterscheidung zwischen Kraft und Macht ist hier noch recht einfach: Derjenige, der seine Kraft nutzt, tut und erschafft etwas für sich und für die Seinen, während derjenige, der Macht benutzt, danach strebt, dass die anderen ihm gehorchen und seinen Willen tun.

Diese Form der Macht ist im Königtum institutionalisiert worden und auch die heutigen Regierungen streben allesamt nach Macht, um die Ordnung im Staat aufrechterhalten zu können: Der Staat hat das Gewaltmonopol.

Das bedeutet, dass der Staat die Macht über die Einzelnen hat: Er kann sie maßregeln, von ihnen Steuern verlangen, sie vor Gericht zitieren, sie bestrafen und in manchen Ländern sogar töten. Während das Töten eines anderen Menschen für das Individuum verboten ist und das größte Verbrechen darstellt, kann der Staat seinerseits das Töten von anderen im Krieg befehlen.

Der Einzelne hat seine Kraft, aber die Macht liegt beim Staat. Natürlich hat z.B. auch ein Arbeitgeber Macht über den Arbeitnehmer, aber die ganz schlichte Widder-Macht, die sich in Kampf und Krieg zeigt, ist in einem Staat ein Monopol des Staates. Was dem Einzelnen verboten ist, ist dem Staat erlaubt: Töten. Der Staat kann sogar einzelnen Agenten die Erlaubnis zum Töten erteilen – die aus den „James Bond"-Filmen so gut bekannte „licence to kill".

c) sinnvolle Macht

Gibt es in diesem Bereich so etwas wie „sinnvolle Macht"? Man könnte durchaus sagen, dass die Polizei eine sinnvolle Macht hat, wenn sie die Bürger beschützt, und auch, dass der Staat eine sinnvolle Macht hat, wenn er das Land durch das Militär beschützt. Weiterhin sind auch jegliche Gesetze wirkungslos, wenn sie nicht durch eine Macht durchgesetzt werden können. Auch das Einziehen von Steuern erfordert eine Form der Macht.

In Stammesgemeinschaften und in Dorfgemeinschaften, also auf der sozialen Organisationsebene der Jungsteinzeit, gibt es keine derartige Macht. Dort kann sich zwar der Stärkere im Kampf gegen einen Schwächeren durchsetzen, aber es gibt keinen „Gruppenzwang" wie in einem Königreich oder in einem heutigen Staat, in dem die Regierung den Rahmen bestimmt, an den sich alle halten müssen, weil dieser Rahmen durch die Macht des Staates durchgesetzt wird.

Es ist leicht einzusehen, dass ein soziales Gebilde von der Größe eines Staates nicht anders als durch allgemeine Regeln, die zur Not auch mit Macht gegen den Willen von Einzelnen durchgesetzt wird, denkbar ist.

Der springende Punkt bei dieser Macht des Staates ist offensichtlich die Art des Gebrauchs, die der Staat von dieser Macht macht. Nutzt er diese Macht möglichst zurückhaltend und sorgt er für das Wohlergehen von allen? Oder nutzt er diese Macht, um die eigene Macht noch zu vergrößern und um einer Elite zu Wohlstand zu verhelfen, während ein Großteil der Bevölkerung in Armut lebt?

Bei dieser Frage kommt man wieder zu dem Gegensatz von Freiheit und Gemeinwohl, der eine alte philosophische und politische Frage ist, die in dieser Buch-Reihe u.a. in den beiden Bänden „Die 12 Säulen des Naturrechts" und „Die 12 Bausteine einer neuen Gesellschaftsform" betrachtet werden.

Man kann nicht sagen, dass Macht prinzipiell falsch und immer ein Übel ist, aber bei jeder Form der Macht besteht die große Gefahr des Machtmissbrauchs, der ganz einfach darin besteht, dass die Mächtigen – seien sie nun Könige, Minister oder Konzernleiter – zunächst einmal für ihren eigenen Wohlstand sorgen und der übrigen Bevölkerung auch ein bisschen abgeben, damit sie nicht gegen die Herrschenden revoltiert.

Bodyguards, Schlägertrupps, Personenschützer und dergleichen findet man auch nur bei den Wohlhabenden, die sich den Aufbau einer solchen ganz physischen Widder-Macht leisten können.

d) laut, leise und wechselhaft

Der „zu laute“ Typ der physischen Widder-Macht ist der Täter – der „zu leise“ Typ ist das Opfer. Dazwischen gibt es noch diejenigen, die mal Täter und mal Opfer sind. Allen dreien ist das Grundgefühl der Angst gemeinsam ist: Der Täter greift aus Angst an, das Opfer rennt aus Angst weg, und der Wechselhafte, weiß nicht so richtig, ob er angreifen oder fliehen soll.

Das Problem bei dem Kampf zwischen Täter und Opfer ist bei beiden die Angst. Im großen Stil ist dies die Angst im Krieg, die sowohl beim Angreifer als auch beim Verteidiger zu finden ist – beide könnten im Krieg getötet werden.

Diejenigen, die den Krieg befohlen haben, befinden sich jedoch meistens fern der Front in relativ großer Sicherheit. Sie sind nicht die, die von einem Messer oder einer Kugel getroffen werden könnten.

Angst führt dazu, dass der Blick auf das, was die Angst auslöst, eingeengt wird – was wiederum das bewusste Ich, das bewusste Entscheidungen treffen kann, weitgehend handlungsunfähig macht. Wird die Angst erst einmal richtig aktiv, übernehmen die Instinkte die Regie – und dann kann man weder mit dem Angreifer noch mit dem Verteidiger noch vernünftig reden. Täter und Opfer sind beide in ihren Angst-Bildern gefangen und kommen nur noch schwer aus diesem „Film“ wieder heraus.

Angst führt bei den „zu lauten“ Tätern zu Machtstreben – und die Macht der Täter führt zu Angst bei den Opfern. Wo Macht ist, ist auch Angst … sowohl bei den Mächtigen als auch bei den Ohnmächtigen. Schließlich fürchten die Mächtigen stets, ihre Macht wieder zu verlieren …

e) die individuelle Heilung

Nach Heilung suchen nur die Opfer – die Täter streben bei der Lösung ihrer Probleme hingegen nach noch mehr Macht und erscheinen daher so gut wie nie in den Zimmern von Therapeuten, Heilern, Astrologen u.ä.

Eine naheliegende Taktik eines Opfers, die auf den ersten Blick nach einer Heilung aussehen kann, besteht darin, selber mächtig zu werden.

Ein wirksameres Vorgehen ist jedoch, sich den eigenen Ängsten zu stellen und diese

Ängste zu heilen, was zugegebenermaßen nicht gerade einfach ist. Doch da ein friedliches Leben nicht dadurch entsteht, dass man den dickeren Bizeps hat als der andere oder den dickeren Knüppel, sondern dadurch, dass man selber in sich ruht und eine andere Ausstrahlung bekommt, gibt es auch für die Schwachen einen Weg aus der Opfer-Rolle.

Dieser Weg ist nicht einfach, aber er ist möglich – ich bin selber jahrzehntelang der Prügelknabe gewesen. Als Opfer lernt man zunächst die Rolle des Täters kennen und verhält sich auch selber einmal wie ein Täter – dadurch ist man dann im gesamten Bandbreite der Möglichkeiten präsent und kann nun die Mitte zwischen Täter und Opfer finden, d.h. die Kraft in sich selber.

Diese „Kraft in sich selber“ bedeutet nicht, dass man dann besonders stark wird, sondern nur, dass man in sich ruht – und Täter greifen nur Opfer an, aber niemanden, der in sich ruht.

Das Kämpfen liegt offenbar in der Natur der Menschen, wie sich schon durch die vielen Sportarten zeigt, bei denen immer das Gewinnen im Vordergrund steht. Wer ist der Beste? Das ist immer nur einer … Es kann nur einer der Schnellste sein, nur einer kann Torschützenkönig werden, nur einer kann Schachweltmeister werden – und alle anderen sind Verlierer. Eigentlich ist das keine gute Grundlage für eine Gemeinschaft. Auch bei Wahlen gibt es nur einen Sieger …

Der Wettkampf ist offenbar in den Menschen instinktiv angelegt, aber dieses Konkurrenz-Prinzip sollte nicht zur prägenden Dynamik werden, sondern sich immer im Rahmen der Kooperation bewegen. Eine der wenigen Sportarten, die das wirklich erreicht haben, ist der Ninja-Sport, in dem die gemeinsame Freude an dem, was man mit seinem Körper alles machen kann, ganz deutlich wichtiger ist als das Gewinnen eines Wettkampfs. In diesem Sport helfen sich alle gegenseitig, besser zu werden.

f) die kollektive Heilung

Kollektiv stellt sich das Problem der Macht bzw. des Machtmissbrauchs z.B. durch einen Eroberungskrieg ganz anders dar, weil sich dabei nicht mehr zwei Menschen individuell begegnen und dann individuell miteinander umgehen, sondern weil zwei Heere unter Zwang gegeneinander kämpfen. Einen bereits begonnen Kampf können die Soldaten selber nicht oder nur in sehr seltenen Fällen aus sich heraus beenden: Befehlsverweigerung oder Fahnenflucht wird im Kriegsfall in der Regel standrechtlich bestraft – was in vielen Fällen die Erschießung bedeutet.

Kriege lasen sich also nur vermeiden, aber nicht von den einzelnen Kämpfern, sondern nur von den Regierungen.

Die bisher einzige erfolgversprechende Strategie der Kriegsvermeidung besteht darin, dass sich alle Staaten einig sind, einen angreifenden Staat zu isolieren und dem angegriffenen Staat beizustehen. Damit dieses Vorgehen wirklich wirksam werden kann, ist allerdings eine fast vollständige Solidarität der Staaten mit dem angegriffenen Staat notwendig – die derzeit noch nicht gegeben ist.

g) Wikinger-Sprichworte

„Alles was geschieht, geschieht irgendwann zum ersten Mal."
Saxo der Schriftkundige: Geschichte der Dänen

„Der gerade Weg ist der Beste."
anonym: Saga über Feuer-Njal

„Jeder muss seine Last selber tragen, denn ein jeder wandert am längsten mit sich selber."
anonym: Gisli-Saga

„Es wird Dir nicht an Gelegenheiten mangeln, wenn Du den Willen zur Tat hast."
Saxo der Schriftkundige: Geschichte der Dänen

„Mut hast Du – wenn Du nur auch Weisheit hättest!"
anonym: Hamdir-Lied

„Dies beweist einmal mehr, dass Wut für die Wahrheit blind macht."
anonym: Saga über die Fost-Brüder

„Wenn ein Maulwurfshügel in Deinen Augen zum Berg wird, dann ..."
anonym: Saga über Feuer-Njal

2. Besitz

♉

a) die Art der Macht

Dass Besitz – also letztlich Geld – Macht bedeutet, ist allgemein bekannt. Diese Erkenntnis hat Karl Marx dazu gebracht, sein Buch „Das Kapital“ zu schreiben, in dem er die Konzentration und den Privatbesitz des Kapitals, insbesondere des Produktionskapitals, d.h. der Privatbesitz von Fabriken und ähnlicher Einrichtungen, als die Hauptursache für die damalige extreme Aufspaltung in reiche Unternehmer und arme Arbeiter gesehen hat.

Heute sind es eher einzelne Unternehmer wie Elon Musk („Tesla“), Bernard Arnault („LVMH“), Jeff Bezos („amazon“), Bill Gates („Microsoft“) oder Warren Buffet („Berkshire Hathaway“) sowie multinationale Konzerne wie Royal Dutch Shell, Toyota, General Electric, Total oder Volkswagen, die eine sehr große finanzielle Macht besitzen, durch die sie auch gesellschaftlichen und politischen Einfluss nehmen können. Die Dritten in diesem Bunde neben Einzelunternehmern und internationalen Konzernen sind die internationalen Banken wie JPMorgan Chase, ICBC, Bank of America, Agricultural Bank of China, Bank of China und Wells Fargo.

In der folgenden Übersicht sind das Kapital der Einzelunternehmer, der Konzerne sowie der Banken aufgeführt. Allerdings sind Banken und Unternehmen/Konzerne nicht so einfach zu vergleichen, da der Marktwert einer Bank 100-mal größer sein kann als ihr Kapital.

Konzerne	
General Electric	493 Milliarden $
Toyota	422
Volkswagen	417
Royal Dutch Shell	340
Exxon Mobil	337
Apple	290
Chevron	266
BP	262
Total	245
Vodafon	192

Personen/Einzelunternehmer

Elon Musk („Tesla“)	211 Milliarden $
Bernard Arnauld („Dior“ u.a.)	201
Jeff Bezos („amazon“)	197
Mark Zuckerberg („facebook“)	164
Larry Ellison („Oracle“)	146
Larry Page („Alphabeth/Google“)	143
Sergey Brin („Google“)	137
Waren Buffett („Berkshire Hathaway“)	135
Bill Gates („Microsoft“)	129
Steve Ballmer („Microsoft“)	123

Banken

Industrial & Commercial Bank of China	3,55 Milliarden $
China Construction Bank Corporation	2,97
Agricultural Bank of China	2,85
Mitsubishi UFJ Financial Group	2,65
Bank of China	2,64
HSBC Holdings PLC	2,60
JPMorgan Chase & Company	2,42
BNP Paribas	2,40
Bank of America	2,19
Deutsche Bank	1,97

Die folgende Liste enthält die „Top Twenty“ vom Kapital her bzw. bei den Banken vom Marktwert her. Zur leichteren Unterscheidung sind die Konzerne <u>unterstrichen</u> und die Einzelunternehmer *kursiv* geschrieben. Bei den Banken sind in dieser Liste die Marktwerte angegeben.

<u>General Electric</u>	493 Milliarden $
<u>Toyota</u>	422
<u>Volkswagen</u>	417
JPMorgan Chase	388
<u>Royal Dutch Shell</u>	340
<u>Exxon Mobil</u>	337
Bank of America	300
<u>Apple</u>	290
<u>Chevron</u>	266
<u>BP</u>	262
<u>Total</u>	245

Industrial & Commercial Bank of China	240
Elon Musk („Tesla“)	211
Vodafon	192
Bernard Arnauld („Dior“ u.a.)	201
Jeff Bezos („amazon“)	197
China Construction Bank	187
Wells Fargo	174
Mark Zuckerberg („facebook“)	164
Agricultural Bank of China	155

Der Vergleich mit den zwanzig größten Einnahmen der Staats-Haushalte macht die Größe dieser Kapitalkonzentration deutlich:

USA	8268 Milliarden $
China	4630
Deutschland	1919
Japan	1578
Frankreich	1488
Vereinigtes Königreich	1196
Italien	981
Kanada	868
Brasilien	831
Russland	778
Indien	657
Australien	609
Spanien	601
Südkorea	453
Niederlande	438
Norwegen	370
Mexiko	355
Saudi-Arabien	341
Belgien	288
Schweden	284

Lediglich die 20 reichsten Staaten können mit den 20 größten Konzernen, Banken und Einzelunternehmen mithalten – wobei sich diese vier Arten von Organsationen natürlich nur in begrenztem Maße vergleichen lassen. Doch die Macht der Konzerne, der Banken und der großen Einzelunternehmen wird trotzdem recht deutlich.

Kleinere Staaten haben Staatseinnahmen, die im Vergleich zu diesen Konzernen, Banken und Einzelunternehmen geradezu winzig wirken:

Finnland (Platz 30)	148 Milliarden $
Kolumbien (Platz 40)	96
Hongkong (Platz 50)	78
Nigeria (Platz 60)	42
Slowenien (Platz 70)	26
Estland (Platz 80)	15
Trinidad und Tobago (Platz 100)	8
Albanien (Platz 120)	5
Guinea (Platz 140)	3
Haiti (Platz 160)	1
Seychellen (Platz 180)	0,6
Komoren (Platz 200)	0,2

Wenn man die Gewinne der Konzerne, Banken und Einzelunternehmen mit den Staatseinnahmen vergleicht, haben die 10 größten Banken Gewinne zwischen 16 und 53 Milliarden $, was immerhin mehr ist als die Staatseinnahmen der 130 ärmeren der ca. 200 Länder auf der Erde. Die 10 größten Konzerne und Einzelunternehmen haben Gewinne zwischen 38 und 138 Milliarden $ – also mehr als die 140 ärmsten Länder.

Das reichste 1% der Weltbevölkerung besitzt 40% des Weltvermögens; die reichsten 10% besitzen 85% des Weltvermögens – die ärmsten 50% besitzen lediglich 1% des Weltvermögens.

Früher war diese Macht des Besitzes für alle offenkundig: Dem König gehört das ganze Reich und er übergab die vorübergehende Verwaltung eines Teiles seines Reiches als Lehen („Ausgeliehendes“) an die Grafen. Noch offensichtlicher war diese Macht durch das völlig legale Halten von Leibeigenen und Sklaven.

Heute ist diese Macht unauffälliger – man muss schon einige Statistiken studieren, um zu bemerken, wo das Geld und daher auch die Macht des Geldes zentriert ist.

Der Kampf um die „Besitz-Macht“ muss nicht immer in solch großem Rahmen stattfinden und er kann auch ganz leise sein. Ein gut bekanntes Beispiel ist das Kind, dass durch geschickte Maßnahmen seine Geschwister von einer Erbschaft ausschließt.

Manchmal ist das Erringen von „Besitz-Macht“ auch so unauffällig, dass es kaum einer bemerkt. An einem Wald gibt es mindestens vier Interessensgruppen: Die Waldbesitzer, die alle 20 Jahre einmal ihre Bäume fällen lassen und dann das Holz verkaufen; der Förster, der den Wald tendenziell als sein eigenes „Reich“ betrachtet, da er für ihn sorgen soll; die Jäger, die bei den herbstlichen Jagden möglichst viel Wild erlegen wollen; und schließlich die Menschen aus den umliegenden Städten und Dörfern, die im Wald spazieren gehen wollen.

Nun kann man in etlichen Wäldern beobachten, dass zwar die großen Wege von umgestürzten Bäume freigeräumt werden, aber nicht die kleinen Waldwege. Das führt dazu, dass diese Waldwege nach und nach zuwachsen, weil man nur noch mit viel Mühe um die umgestürzten Bäume herumkommt. Wenn man dann noch Schilder sieht, auf denen die Jagdgemeinschaft alle bittet, auf den Wegen zu bleiben, damit man das Jungwild und ihre Muttertiere nicht stört, und dann aber einmal den Stolz beobachten konnte, mit denen die Jäger die zur Strecke gebrachten Tiere betrachten, ahnt man, dass hier die Jäger durch das Stilllegen der kleinen Waldpfade ganz schlicht und egoistisch die Fläche, auf denen das Wild lebt, vergrößert und dadurch auch die Anzahl der im Herbst geschossenen Tiere vergrößert hat.

Hier haben sich die Jäger – vermutlich unter Zustimmung des Försters – ganz unauffällig einen größeren Teil des Waldes für ihre Zwecke zu eigen gemacht und die Menschen aus den umliegenden Städten und Dörfern von einem großen Teil des Waldes ausgeschlossen, weil die kleinen Wege allesamt zugewachsen sind.

Das ist ein Beispiel für die stille Ausübung von „Besitz-Macht“, durch die Wenige (die Jäger) die Vielen (die Spaziergänger und Wanderer) von einem großen Teil des Waldes ausgeschlossen haben.

Wenn man sich aufmerksam umschaut, wird man an etlichen Orten derartige Strategien finden können …

In anderen Fällen wird eine Machtdemonstration so geschickt verpackt, dass man sie kaum angreifen kann. So hat z.B. der Ex-VW-Vorstand Martin Winterkorn bei seiner ersten Sitzung bei VW kurz zuvor alle Aschenbecher in dem Sitzungsraum entfernen lassen. Als die ersten Mitglieder rauchen wollten, sahen sie, dass die Aschenbecher fehlten – und haben verstanden, dass Herr Winterkorn sich durchsetzen will.

Hätten sie nach Aschenbecher gefragt, hätten sie sicherlich eine ziemlich beißende Antwort erhalten, gegen die sie wenig hätten vorbringen können – in dem Stil von „Sie sind zum Arbeiten hier und nicht zum Rauchen.“

Dies ist ein geradezu klassisches Vorgehen: Man verpackt das, was man will (Macht), in etwas anderes (Wegnehmen der Aschenbecher). Wenn dann jemand widerspricht, kann man so tun, als ob es um Aschenbecher und nicht um Macht gehen würde.

b) Kraft und Macht

Das Minimum, das man jedem Menschen an Besitz zugestehen sollte, ist das Existenzminimum, d.h. genügend Nahrung um nicht zu verhungern, genügend Wasser um nicht zu verdursten und genügend Wohnraum und sanitäre Versorgung, um nicht zu erkranken. Doch davon sind wir noch weit entfernt – noch immer sterben täglich 24.000 Menschen an Hunger.

Ohne dieses Existenzminimum, das bei dem Thema „Besitz" der „Kraft", also dem heilen Zustand entspricht, werden die Menschen weitgehend hilflos und zu Opfern der Besitzenden.

c) sinnvolle Macht

Es gibt auch bei dem Besitz eine „sinnvolle Macht": Ein Staat braucht Steuereinnahmen, um die Gemeinschaftsaufgaben erfüllen zu können.

Bei dem Thema „Steuern" gibt es jedoch den endlosen Streit darüber, wieviel Egoismus und wieviel Solidarität das richtige Maß ist. Hier steht das Prinzip „Individualität zuerst" gegen das Prinzip „Kollektiv zuerst".

Da sowohl nur das eine oder nur das andere zu extremen Verhaltensweisen führt, die letztlich allen schaden, wird hier eine Mischung gebraucht, die sowohl die Einzelnen als auch die Gemeinschaft möglichst stark fördert und gedeihen lässt.

Die Politik wird jedoch tendenziell eher von den etwas Reicheren als von den Ärmeren gemacht, was dazu führt, dass sich der Egoismus nach eine Weile durchzusetzen beginnt und die Tendenz an Schwung zunimmt, dass wenige sehr viel besitzen und viele sehr wenig …

d) laut, leise und wechselhaft

Die Ursache der Macht im Bereich des Besitzes ist recht einfach fassbar: Das Grundproblem ist das Mangelerlebnis. Die „zu lauten" Menschen, die einen tiefsitzenden Mangel in sich tragen, werden gierig, d.h. sie werden zu Süchtigen – die „zu leisen" Menschen, die einen tiefsitzenden Mangel in sich tragen, verzichten und werden zu Asketen.

Diese Polarisierung gibt es im ganz Kleinen, Fundamentalen, wenn z.B. eine Mutter alles, was sie an Spenden, Geschenken o.ä. erhält, sofort an ihre Kinder weitergibt und nichts für sich selber behält – und es gibt sie im ganz Großen, wenn z.B. eine Religion für ihre Mitglieder die Armut vorschreibt, aber die Religion als Institution extrem reich ist.

Kollektiv gesehen sind die „zu Lauten“ in den meisten Fällen die Reichen und die „zu Leisen“ sind meistens die Armen. Allerdings kann man das nicht verallgemeinern, denn es gibt auch bei den Armen Gierige und Diebe (weil sie überleben wollen) und auch bei den Reichen Großzügige, die oft etwas spenden oder Stiftungen aufbauen.

Eine andere Form der Sucht ist die Sucht nach Alkohol oder nach anderen Drogen.

Schließlich gibt es auch beim Besitz den wechselhaften Typ, der mal viel verdient, dann verarmt ist und schließlich wieder viel verdient – doch beim Besitz ist dieser Typ deutlich seltener als z.B. bei Drogensüchtigen, bei denen der „Quartalssäufer“, der sich alle paar Monate betrinkt, aber ansonsten nüchtern ist, gut bekannt ist.

e) die individuelle Heilung

Während der Mangel an Körperkraft durch eine innere Haltung ausgeglichen werden kann, ist dies bei der Armut schwierig. Die Armut von ca. der Hälfte der Menschheit kann offensichtlich nur kollektiv aufgelöst werden.

f) die kollektive Heilung

Leider sind wir von einer Lösung der extremen Ungleichverteilung des Besitzes noch sehr weit entfernt – die Macht liegt noch immer zu einem sehr großen Teil bei dem 1% der Menschen, die 40% des Weltvermögens besitzen.

Die Reinform der Selbstorganisation der Menschen, die ganz auf die Macht des Einzelnen setzt, ist die freie Marktwirtschaft.

Da das Leid, dass diese Einstellung verursacht, offensichtlich und so groß ist, dass es Aufstände und Revolutionen auslösen kann, haben schon viele Menschen überlegt, wie dieses Leid beendet werden kann.

- Der bekannteste Ansatz ist vermutlich die soziale Marktwirtschaft, in der die Gemeinschaft für das grundlegende Wohlergehen von allen sorgt.
- Karls Marx hat die Kollektivierung des Produktionskapitals als Lösung angesehen, also gefordert, dass Fabriken u.ä. Staatseigentum sein sollen.
- Rudolf Steiner hat die „Brüderlichkeit im Wirtschaftsleben“ als die Lösung der Probleme angesehen.
- Es gibt weiterhin einige, die die ungleiche Verteilung des Besitzes durch eine neue Geldform lösen wollen.
- Schließlich gibt es noch den Ansatz, die auf der Konkurrenz beruhende

Marktwirtschaft durch eine KooperationsWirtschaft abzulösen. Dieser Ansatz wird in dem Buch „Die 12 Tore zur Sophikratie" aus dieser Reihe näher beschrieben.

g) Wikinger-Sprichworte

„Selbst Herden wissen, wann zur Heimkehr Zeit ist und gehn vom Grase willig; der Unkluge kennt allein nicht seines Magens Maß."

anonym: Odins Weisheiten im Havamal

„Viele sind arm, die viel Geld besitzen."

anonym: die sehr hilfreichen Aussprüche des Weisen

„Gold führt zu Streit in der Familie"

anonym: Norwegisches Runengedicht

„Zwei Ziegen nur und dazu ein Strohdach ist besser als Betteln."

anonym: Odins Weisheiten im Havamal

„Der Drache verlässt nicht sein Gold."

anonym: Kormak-Saga

„Er neidet mir denselben Himmel, der auch über seinem eigenen Haupt ist."

anonym: Saga über die Waffen-Firdinger

„Die Häuser der Großzügigen sind selten und sie liegen weit voneinander entfernt."

anonym: Saga über Egil den Sohn des Glatzen-Grim

3. Information

♊

a) die Art der Macht

Menschen entscheiden aufgrund von Informationen. Daher hat auch derjenige Macht, der bestimmt, welche Informationen die Menschen haben.

Diese Form der Macht kann zum einen ein Verschweigen von wichtigen Tatsachen sein, aber zum anderen auch das Verbreiten von falschen Nachrichten. Dadurch, dass auf diese Weise das Weltbild und die Meinung von Menschen gelenkt werden kann, können mithilfe der Informationen, die den Menschen zugänglich sind, und der Schlüsse, die sie aus diesen Informationen ziehen, die Menschen auch von denen gelenkt werden, die die Macht haben, die weit verbreiteten Informationen zu bestimmen.

Diese Macht ist keineswegs klein. Selbst Zeitungen können durch die Auswahl, welche Nachrichten sie auf Seite 1 bringen, zur Meinungsbildung beitragen. Wenn jedes Verbrechen eines Ausländers auf Seite 1 erscheint und als Bedrohung des Volkes dargestellt wird, hat das eine durchaus eine Wirkung auf die öffentliche Meinung.

Der Rundfunk ist im „3.Reich“ ein wichtiges Propaganda-Mittel gewesen, da über die „Volksempfänger“ nur das gesendet wurde, was die damalige Regierung wollte. Solche Reden wie die, die 1943 von Goebbels im Berliner Sportpalast gehalten worden ist und die in die Frage „Wollt ihr den totalen Krieg?“ mündete, die von den handverlesenen Zuschauern mit Sprechchören heftig bejaht wurde, wurden im Radio übertragen und riefen bei den Hörern natürlich das Gefühl hervor, dass das ganze „Volk“ den totalen Krieg wollte. Dadurch wurde das Gefühl erzeugt, dass diejenigen, die nicht den „totalen Krieg“ wollten, mit ihrer Meinung ganz allein dastanden.

Solche Reden würden heute in dieser Form nicht mehr wirken – aber was wäre, wenn der Herr von der Tagesschau im Fernsehen auf Geheiß der Politiker solche Nachrichten vortragen würde?

Am einflussreichsten ist mittlerweile vermutlich das Internet geworden. Das Internet ist auch das Medium, das sich am besten manipulieren lässt. Dabei können die Falschinformationen („fake news“) schlicht Berichte über Dinge sein, die gar nicht stattgefunden haben, aber es gibt auch gefälschte Interviews, in denen Prominente scheinbar bestimmte Produkte bewerben, oder gefälschte Fotos, die aufgrund der fortgeschrittenen Technik kaum noch von echten Fotos zu unterscheiden sind („deep fake“) – und Fotos sind überzeugender als Worte …

Die Beeinflussung per Internet kann sehr weit gehen. So werden z.B. von einigen Staaten in großen Mengen Internetseiten gestaltet, durch die Meinung in einem Land vor den Wahlen beeinflusst werden. Dies ist eine Form des „Informations-Krieges“, die z.B. von Russland verwendet wird, um bei Wahlen in Ländern, die die Ukraine unterstützen, Parteien an die Macht zu bringen, die diese Unterstützung beenden wollen. Auf diese Weise erhöht Russland seine Chancen, den Krieg gegen die Ukraine zu gewinnen.

Bisweilen werden auch ganz schlicht vollkommen unbegründete Lügen verbreitet, um die Gefühle der Menschen in Wallung zu bringen und sie anzustacheln, eine bestimmte Partei zu wählen, die ihnen verspricht, sie vor dieser durch Lügen vorgegaukelten Gefahr zu schützen. Das aktuelle Beispiel ist Donald Trump, der frei erfunden hat, dass Migranten in Springfield im US-Bundesstaat Ohio Haustiere fressen. Das lässt sich – weil es eben gar nicht wahr ist – nicht beweisen, aber die Angst ist bei einem Teil der Bevölkerung nun erschaffen worden und jemand, der Angst hat, lässt sich leicht lenken.

Generell ist der Stil, mit dem sich die Politiker bei Wahlen angreifen, immer härterer geworden. Es werden Vorwürfe gemacht, Diffamierungen erfunden, es wird beleidigt, ausgeschlossen und es werden eben auch ganz schlicht Lügen verbreitet. Es wird zunehmend auf Gefühlsebene gearbeitet und nicht mehr über die sachliche Auseinandersetzung.

Bei der Lenkung der öffentlichen Meinung durch das Internets geht es mittlerweile bis hin zu der Bestechung von Influencern, damit diese die erwünschte Meinung vertreten. Auf diese Weise hat die „fake news“, also Falschnachricht, sofort eine sehr große Reichweite.

Drei weitere Ansätze im „Informations-Krieg“ sind die Spionage, der gezielte Rufmord und der „agent provocateur“, der durch Reden und Handlungen einen bestimmten Zustand in dem von ihm angegriffenen Land herzustellen bestrebt ist.

Man kann im „Informations-Krieg“ zwischen der internen Beeinflussung wie Trumps Behauptung, dass Migranten die Haustiere der US-Bürger fressen, und der externen Beeinflussung z.B. bei der Wahlbeeinflussung durch gefälschte Webseiten unterscheiden.

Zu der internen Beeinflussung, also dem Lenken der Meinung im eigenen Land zählt z.B. auch das Streben von Putin, die ukrainische Regierung als ein Nazi-Regime darzustellen und die „militärischen Sonderoperation“ (Krieg) gegen die Ukraine dadurch dem Kampf gegen Hitler im 2. Weltkrieg gleichzusetzen. Zu der externen Beeinflussung gehören Putins halbausgesprochene und angedeutete Drohungen mit Atomwaffen.

Generell spielen die Medien im „Informations-Krieg“ auf den Gefühlen der Leser, Hörer und Zuschauer Klavier – es sollen Informationen vorgegaukelt und dadurch Gefühle erzeugt werden, die dann das Handeln bestimmen.

Schließlich – wenn der „Informations-Krieg“ erfolgreich beendet worden ist – schreibt der Sieger die Geschichte, wie schon die alten Römer erkannt haben. Das ist das dann die letzte Stufe der „fake news“. In den Geschichtsbüchern steht schließlich die sachliche, Fakten-basierte Wahrheit, oder?

Dieser „Informations-Krieg“ ist keineswegs neu – nur das Internet, das sich dafür hervorragend gut eignet, ist neu. Schon in den strategischen Schriften, die um 500 v.Chr. in China verfasst worden sind, wird das Täuschen des Gegners als wesentliches Element der Kriegsführung hervorgehoben.

Es gibt diesen Informations-Kampf auch in klein: Intrigen gegen Konkurrenten im gleichen Betrieb oder im gleichen Verein. Es gibt ganze Bücher nur zu dem Thema, wie man interne Konkurrenten durch Intrigen, Verleumdung u.ä. ausschalten kann.

b) Kraft und Macht

Die Informations-Macht hat der, der durch Falschinformationen andere täuscht und sie seinen Absichten gemäß lenkt. Der Ohnmächtige ist folglich der Getäuschte.

Doch was entspricht nun der Kraft, also dem heilen Zustand? Das muss offensichtlich die Information über die tatsächlichen Zustände sein. Dafür muss der, der in Bezug auf Informationen „in seiner Kraft“ sein will und der diese tatsächlichen Zustände erforschen will, kriminalistischen Scharfsinn entwickeln und sich dann eine eigene Meinung bilden – was offensichtlich ziemlich anspruchsvoll ist, wenn man nicht mehr weiß, welchen Informationen man trauen kann und welchen nicht.

Dieses Problem tritt insbesondere dann auf, wenn bei einem Thema heftige Gefühle beteiligt sind. So hat z.B. die Corona-Krise dazu geführt, dass die einen, die Angst um Ihr Leben hatten, alle Argumente dafür gesammelt haben, die für einen maximalen Schutz vor der Epidemie sprachen, während die anderen, die um ihre Freiheit gefürchtet haben, alle Argumente gesammelt haben, die für eine möglichst geringe Einmischung des Staates gesprochen haben. Aufgrund dieser Polarisierung war es schließlich kaum noch möglich, sichere Informationen zu erlangen – ganz davon zu schweigen, einen Minimal-Konsens zwischen den beiden Parteien zu finden.

In Bezug auf Informationen eigenständig und sicher auf dem Boden der Tatsachen zu stehen, ist nicht gerade das einfachste aller Vorhaben …

c) sinnvolle Macht

Macht im Informations-Bereich ist nur dann sinnvoll, wenn sie die Wahrheit aufdeckt. Wenn jedoch die Politiker damit beginnen, „fake news“ und „alternative Fakten“ zu verbreiten, wird die Lage ausgesprochen schwierig.

Es gibt zwar noch die Gerichte, aber bis die eine Entscheidung zu etwas getroffen haben und diese Entscheidung bekannt geworden ist, vergeht so viel Zeit, dass diese Entscheidung in den meisten Fällen keine große Wirkung mehr hat.

d) laut, leise und wechselhaft

Die „zu Lauten“ in Bezug auf Informations-Macht sind offenbar die, die zur Förderung ihrer eigenen Absichten andere täuschen – die „zu Leisen“ sind die, die sich täuschen lassen. Die Wechselhaften sind dann die, sie sowohl manchmal andere täuschen als auch selber immer wieder mal Täuschungen zum Opfer fallen.

Im Alltag würde man die „zu Lauten“ als „Lügner“ bezeichnen und die „zu Leisen“ als „Gutgläubige“. Die Wechselhaften wären dann die, von denen man weiß, dass sie leicht beeinflussbar sind und dass sie selber auch danach streben, andere zu beeinflussen.

e) die individuelle Heilung

Die Heilung des Einzelnen, der dazu neigt, auf Lügen und „fake news“ hereinzufallen, besteht darin, ihm das Prüfen von Aussagen nahezubringen. Das ist allerdings oft kaum möglich, weil viele dieser Gutgläubigen eben an das Gute glauben und es geradezu als Verrat an der Menschlichkeit empfinden, bei einem anderen eine böse Absicht zu vermuten. Die Gutgläubigkeit ist für manche Menschen daher geradezu lebensnotwendig – wenn sie dieses Vertrauen in die Menschheit nicht hätten, würden sie in eine heftige Krise stürzen.

Noch schwieriger – so gut wie unmöglich – ist es, Lügner von ihrem Lügen abzubringen. Schließlich haben sie ja Erfolg mit ihren Lügen … Diese Menschen, die es mit der Wahrheit nicht so genau nehmen und für die Worte schlichtweg Machtmittel zum Erreichen ihrer eigenen Ziele sind, können letztlich nur kollektiv von ihrem Lügen abgebracht werden. In manchen Fällen können sie auch nicht geheilt werden – dann ist der einzige Schutz die Wachsamkeit der Allgemeinheit gegenüber ihren Lügen.

f) die kollektive Heilung

Dieser Prozess beginnt mit den „Whistleblowern“, die öffentlich machen, wo in großem Stil von den Mächtigen gelogen wird. Natürlich wird solch ein „Verrat“ mit drakonischen Strafen belegt, da die Mächtigen ihre Geheimnisse für sich behalten wollen, da diese Geheimnisse ihre Macht absichern.

Spione wollen solche Geheimnisse des gegnerischen Staates herausfinden und dann entweder der eigenen Regierung übermitteln oder sie allgemein bekanntgeben, um der feindlichen Regierung zu schaden. Hier wird zwar die Wahrheit aufgedeckt, aber das dient keineswegs der allgemeinen Wahrheitsfindung, sondern nur der Steigerung der eigenen Macht.

Die Aufklärung über die tatsächlichen Zustände ist nicht einfach – und selbst wenn sie irgendwo dargestellt wird, kann der Leser ja zunächst einmal nicht erkennen, ob das Dargestellte die Wahrheit ist oder nicht. Außerdem gibt es ja auch noch die Bewertungen der „real vorhandenen Tatsachen“ – und diese Bewertungen können sehr verschieden ausfallen …

Ein anderer Aspekt ist die Datensicherheit, also der Schutz von privaten Daten – vor allem durch Verschlüsselungstechniken, die nicht von Dritten gehackt werden können.

Es gibt mittlerweile immerhin solche Organisationen wie „correctiv“, die sich ausschließlich mit der Überprüfung von Gerüchten und möglichen Falschinformationen beschäftigen und ihre Ergebnisse dann über verschiedene Medien verbreiten.

Doch von einer Gesellschaft, in der die „Wahrheit“ allen gut bekannt ist, sind wir noch weit entfernt. Möglicherweise ist erst einmal eine ganz andere Grundhaltung notwendig – eine allgemeine Kooperation satt einer allgemeinen Konkurrenz – bevor die „Wahrheit“ eine Chance hat, zu einem allgemeinen Wissen zu werden.

g) Wikinger-Sprichworte

„Nichts widersteht dem wendigen Geist.“
Saxo der Schriftkundige: Geschichte der Dänen

„Achte darauf, wann Du sprichst und wann Du schweigst.“
anonym: Sigdrifa-Lied

„Traue lieber dem, was Du selber erlebt hast als dem, was erzählt wird.“
anonym: Bandaman-Saga

„Es ist nicht leicht, da Frieden zu schaffen, wo Lärm und Gerede niemals enden.“
anonym: Saga über König Harald Hart-Rat

„Es ist schwer, eine Anklage gegen einen Redenschwinger vorzubringen, der sich durch einen Tanz von Worten aufbläht, ohne irgendetwas zu sagen.“
Saxo der Schriftkundige: Geschichte der Dänen

„Es geschieht leicht, dass sich die Sprache verirrt, wenn der Mund etwas sagt, was nicht mit dem Herzen übereinstimmt.“
Nicholas von Guildford: Die Eule und die Nachtigall

„Achte darauf, dass Du nicht heute dem zustimmst, was Du morgen bedauern wirst.“
anonym: Bandaman-Saga

4. Emotion

♋

a) die Art der Macht

Gefühle sind eine gänzlich andere Macht als die drei Formen, die bisher beschrieben worden sind – also Körperkraft, Besitz, Information. Dabei geht es um alle Arten des Gruppenzwangs und vor allem um die Familie, in denen die Kinder eine emotionale Abhängigkeit von ihren Eltern und z.T. auch von ihren Geschwistern haben.

Natürlich gibt es eine enge Bindung zwischen Kindern und Eltern – Kleinkinder könnten ohne ihre Eltern gar nicht überleben – aber es gibt einen großen Unterschied zwischen einer liebevollen und freilassenden Erziehung und einer emotionalen Abhängigkeit, die auf Traumas begründet ist und die durch Verlassenwerden, Gewalt, Liebesentzug und dergleichen mehr entstanden ist.

Eine andere Art der emotionalen Macht, die zunächst einmal kaum auffällt, ist die Familientradition, die über Generationen von Eltern zu Kindern weitergegeben wird und die oft viele Einzelheiten enthält. Diese „Verhaltens-Gewohnheit" ist oft sehr unbewusst und hat gerade dadurch eine sehr große Macht.

Es gibt ein recht einfaches Verfahren, um sich diese Familientradition deutlich zu machen, die sozusagen eine unsichtbare Macht ist, durch die man geprägt und gelenkt wird.

Um sich diese Prägung deutlich zu machen geht man wie folgt vor:

- Man nimmt sich einen großen Bogen Papier, z.B. die Rückseite eines Stücks Tapete.

- Man trägt alle bekannten Mitglieder der eigenen Familie als Stammbaum auf diesem Papier ein: sich selber, Geschwister, Kinder, Enkel, Urenkel, Eltern, Großeltern, Urgroßeltern, Onkel, Tante, Cousin, Cousinen, Freunde, Beziehungspartner usw., also all die, über die man irgendetwas weiß.

- Als nächstes trägt man am besten mit verschiedenen Farben nun zu allen Personen alles Wesentliche ein, was man weiß: Geburtstag, Todestag, Sternzeichen, Kinderzahl, Ehe oder nicht, Fremdgehen, Krankheiten, Beruf, Häufigkeit der Umzüge, adoptierte Kinder, Gefängnisaufenthalte, Reichtum oder Armut … Je kreativer man dabei wird, desto besser.

Oft hat man im Laufe des Monats nach dem Tag, an dem man diese Übersicht begonnen hat, immer wieder mal einen neue Idee, wonach man auch noch schauen könnte – und muss dann wahrscheinlich irgendwann einen größeren Bogen Papier nehmen und das Ganze noch einmal neu ordnen und farblich sinnvoller kennzeichnen.

- Man schaut nun nach Regelmäßigkeiten: Sind immer die Frauen diejenigen, denen das Haus gehört? Gibt es über mehrere Generationen hinweg Selbstmorde? Sind die Zweitgeborenen stets gute Sportler? Sind die Männer tendenziell Betrüger?

- Hängen bestimmte Auffälligkeiten miteinander zusammen? Z.B. der Besitz der Frauen und der Betrug der Männer? Oder die Dominanz der Männer und das Fremdgehen der Frauen? Das eigene Verlassenwerden als Kind und das Adoptieren von Kindern?

- Die Erkenntnisse über die Elemente, die sich offensichtlich durch mehrere Generationen hindurchziehen, werden dann auf einem Extrablatt aufgeschrieben und geordnet und zu einer „Geschichte“ zusammengefasst, die den Kern der eigenen Familientradition ausmacht.

Auf diese Weise kann man nach und nach die Familientradition herausarbeiten, in der man selber steht. Diese Tradition ist zunächst einmal eine neutrale Macht – sie kann sowohl Eigenheiten enthalten, die man gut findet und die man beibehalten will, als auch Prägungen, die man möglichst schnell loswerden will.

Das Gemeinsame an all diesen Prägungen, die durch die Familientradition entstehen, ist, dass sie auf Bildern und Emotionen beruhen, die weitestgehend unbewusst ablaufen.

Die eigenen Traumata sind in aller Regel ein logischer und schlüssiger Bestandteil dieser Familientradition. Das bedeutet, dass das, „Was die Eltern einem angetan haben“ (wie man das manchmal in Therapien zu formulieren geneigt ist), seine Wurzeln nicht nur in den eigenen Eltern (und deren „Fehlern“) hat, sondern auch in der Familientradition: Auch die eigenen Eltern sind zu dem geprägt worden, was sie sind. Das entschuldigt nicht das Verhalten der Eltern, aber es macht ihr Verhalten verständlicher und es weitet den eigenen Blick, sodass man klarer sieht, womit man es eigentlich zu tun hat: nicht nur mit ein paar „Fehlern“ im Verhalten der eigenen Eltern, sondern mit einer ganzen komplexen Familientradition, die weit vor die Geburt der eigenen Eltern zurückreicht.

Die her wirksame Macht läuft weitestgehend unbewusst ab und reicht letztlich von dem eigenen Unterbewusstsein über die Familientradition bis zu den Urbildern im kollektiven Unterbewusstsein.

Diese Familientradition wird im Allgemeinen nur langsam weiterentwickelt – man macht in der Regel nur wenig anders als man es von seinen Eltern gelernt hat. Viele vermeintliche Veränderungen sind nur „dasselbe in grün". Doch es gibt diesen Fortschritt, diese Bewusstwerdung der „Macht der Gewohnheit" und der allmählichen Veränderung dieser Gewohnheit – fast jeder macht in irgendeinem Punkt etwas anders und besser als die eigenen Eltern.

b) Kraft und Macht

Emotionale Macht besteht vor allem in dem mehr oder weniger bewussten Erzeugen von Abhängigkeiten. Die Abhängigkeit beruht wiederum auf der Gier – in der Regel nach Wärme, Geborgenheit, Zugehörigkeit, Gemeinschaft und ähnlichen Gefühlen.

Der Versuch, diesem Mangelgefühl durch Askese, d.h. in diesem Zusammenhang, durch freiwillige Isolation zu entkommen, ist eine Sackgasse, da diese Form der Askese nur den Mangel-Zustand und das Mangel-Gefühl aufrechterhält.

Emotionale Kraft – wenn man das einmal so nennen darf – besteht in der Eigenständigkeit. Damit ist jetzt jedoch weder die Fähigkeit, andere in Abhängigkeit von sich selber zu halten, noch die Flucht in die Askese gemeint, sondern ein „Ruhen in sich selber", das zu einem grundlosen Glück und zu einem stillen Lächeln führt. Dieser Zustand hat den Mangel verlassen und hat zu der inneren Fülle zurückgefunden.

c) sinnvolle Macht

Sinnvolle emotionale Macht? Eigentlich ist das ein Widerspruch, da Emotionen nicht gedeihen können, wenn sie durch Macht eingeengt und geprägt werden.

Allerdings kann man die Familientradition als eine sinnvolle Form der emotionalen Macht ansehen, da sie bewirkt, das das kleine Kind einen Bezugsrahmen erhält und auch Handlungsmuster für sein Verhalten. Diese Familientradition hat sicherlich viele Makel und ist in manchen Punkten auch geradezu schädlich, aber insgesamt gesehen ist es besser, solch eine Familientradition zu haben als vollkommen im Leeren zu stehen und keinerlei „Gebrauchsanweisung für das Leben" zu erhalten.

Daher ist eine leidlich funktionsfähige Familientradition dem Fehlen jeglicher Familientradition vorzuziehen. Allerdings sollte diese Familientradition von jedem nach bestem Wissen, Gewissen und Können weiterentwickelt werden.

d) laut, leise und wechselhaft

Bei einer weitgehend unbewussten Macht wie der Familientradition bestehen die drei Ausprägungen „zu laut“, „zu leise“ und „wechselhaft“ auch aus weitgehend unbewussten Haltungen, für die sich die meisten niemals bewusst entschieden haben.

Der „zu Laute“ strebt nach einer dominanten Stellung in der Familie und in allen Gruppen, zu denen er gehört, und neigt zur Gier, zum Täter und zum Angeber.

Der „zu Leise“ zieht sich in untergeordnete Stellungen zurück und neigt zur Askese, zum Opfer und zum Schüchternen.

Der „Wechselhafte“ weiß nicht, wohin er gehört, und fällt mal dominant auf und ist mal unscheinbar und zurückgezogen.

e) die individuelle Heilung

Die Heilung eines Einzelnen von den schädlichen Prägungen durch die Familientradition beginnt möglicherweise mit dem Zeichnen eines detaillierten Stammbaumes, wie es am Anfang dieses Kapitels geschildert worden ist. Dieser Stammbaum führt jedoch in aller Regel nur bis zur Erkenntnis der Familientradition, in der man steht, aber entwickelt sie nicht weiter.

Die Veränderung dieser Familientradition kann am einfachsten durch Familienaufstellungen erreicht werden, da bei dieser Therapieform eine telepathische Verbindung zu den eigenen Ahnen erzeugt wird und die Verstrickungen und die schädlichen Beziehungen zu ihnen gelöst werden können.

Natürlich können auch alle anderen Formen der Therapie hier zu einer Heilung führen – schließlich sind letztlich alle Therapieformen darauf ausgerichtet, behindernde „Gefühls-Knoten“, also unliebsame Prägungen, sowie alle „Gefühl-Krämpfe“, also Traumata, aufzulösen.

f) die kollektive Heilung

Die kollektive Heilung von emotionalen Prägungen und von schädlichen Urbildern im kollektiven Unterbewusstsein ist eine schwierige und mühsame Angelegenheit, da sie vor allem über die Heilung der Einzelnen abläuft.

Wenn man oft mit Beratungen oder psychischen Heilungen zu tun hat, stößt man häufig auf die Tatsache, dass viele Probleme heutiger Menschen über ein, zwei oder drei Generationen zurück zu Erlebnissen der eigenen Vorfahren im 2. Weltkrieg zurückführen. Kriege können zu kollektiven Traumata werden, d.h. zu Urbildern im kollektiven Unterbewusstsein, die aus Gewalt, Leid, Scham, Selbstvorwürfen,

Grausamkeit, Schuldgefühlen und ähnlichen heftigen Gefühlen bestehen.

Manchmal gibt es auch kollektive Ereignisse wie die Fußball-Weltmeisterschaft 2006 in Deutschland, die als „deutsches Sommermärchen“ zu einer teilweisen Heilung des deutschen Nationalgefühls, das durch die Nazi-Zeit arg gelitten hatte, geführt hat. Auch das damalige Motto „Die Welt zu Gast bei Freunden“ hat zu dieser (teilweisen) kollektiven Heilung beigetragen.

g) Wikinger-Sprichworte

„Am besten für das Kind ist die Mutter.“
anonym: Grettir-Saga

„Die liebste aller Frauen ist mir meine Mutter.“
anonym – Rätsel aus dem Exeter-Buch

„Jedermann ist dort am glücklichsten ist, wo er geboren wurde.“
anonym: Saga über Halfdan Esteinn-Sohn

„Denn das alte Sprichwort ist wahr: 'Früh Gelerntes hält am längsten.“
anonym: Saga über Gunnlaug Schlangenzunge

„Die Unterstützung durch die Verwandten ist das Beste für die Hilflosen.“
Saxo der Schriftkundige: Gesta danorum

„Einem weisen Mann erscheinen Freunde an vielen Orten besser als Macht.“
anonym: die sehr hilfreichen Aussprüche des Weisen

„Jedes Heim in der Welt ist dem Einsamen unwillkommen.“
Saxo der Schriftkundige: Geschichte der Dänen

5. Diktatur

a) die Art der Macht

Eine im Gegensatz zum vorigen Kapitel sehr offenkundige Form der Macht hat der „Alleinbestimmer“ wie z.B. ein König, ein Diktator oder der Eigentümer eines Unternehmens. In vielen Fällen ist diese Art der Macht geerbt worden, Manchmal ist eine bereits vorhandene Macht auch erobert worden oder eine kleine Macht vergrößert worden.

Der „Alleinbestimmer“ ist die klarste Form der „Macht des Stärkeren“. Sie entsteht durch feindliche Übernahmen, durch einen Putsch, durch einen Krieg, durch das Ausschalten von Konkurrenten mithilfe von Intrigen und ähnlichen Methoden.

Diese Form der Macht bündelt die Freiheit auf den einen „Alleinbestimmer“, während alle anderen dem „Alleinbestimmer“ gehorchen müssen. Das ist bei totalitären Regimen sehr offensichtlich, aber es gibt auch Fälle, in denen diese Macht nicht so sehr auffällt oder nur ganz allmählich deutlich wird – wenn z.B. eine Demokratie schrittweise über eine Präsidial-Demokratie, die Einschränkung der Macht des Verfassungsgerichtes und ähnliche Maßnahmen zu einem autoritären System und schließlich zu einer Diktatur umgebaut wird.

Dieses Verfahren, das bisweilen „Salami-Taktik“ genannt wird, hat den Vorteil, dass es aus vielen kleinen Schritten besteht, die jeder für sich nicht so groß sind, dass sie zu einem Aufstand führen würden, die jedoch in ihrer Gesamtheit zu einer Abschaffung der Demokratie führen.

b) Kraft und Macht

Ein „Alleinbestimmer“ ist schon von der Definition her jemand, der Macht ausübt – er ist der einzige, der in einem solchen System frei ist. In einer solchen sozialen oder gesellschaftlichen Konstruktion gibt es also nur einen „Täter“ und viele „Opfer“ oder anders gesagt einen, der befiehlt und viele, die gehorchen. Offensichtlich ist jedes Militär und jede Polizei und jede Behörde ebenfalls nach diesem Prinzip aufgebaut: eine Hierarchie, in der die Befehle von oben nach unten durchgegeben und dabei konkretisiert werfen.

Was ist nun im Bereich der Herrschaft „Kraft"? Macht ist das, was der Herrscher hat – Ohnmacht ist das, was seine Untertanen haben. In einem solchen System ist wenig Platz für „Kraft", denn diese müsste ja eine Form der Selbstbestimmtheit sein.

Folglich gibt es nur in Systemen, in denen die Einzelnen möglichst wenig Vorschriften befolgen müssen (und wenig Steuern zahlen müssen) die „Herrschafts-Kraft" des Einzelnen. Im Extrem wäre dies dann ein System, in dem jeder eine vollkommene Freiheit hat und in dem es keine kollektive Regeln gibt.

Womit wir wieder bei der Frage „Individualität oder Gemeinschaft" wären …

c) sinnvolle Macht

Jedes soziale oder gesamtgesellschaftliche System, das nicht nur die Freiheit des Einzelnen, sondern auch den Schutz der Gemeinschaft wertschätzt, ist gezwungen, Regeln zu erlassen, die die Freiheit des Einzelnen einschränken und das Gedeihen der Gemeinschaft fördern. Die Frage, ob man eine Form der Macht für sinnvoll hält oder nicht, hängt daher davon ab, ob man selber vor allem die eigene Freiheit oder vor allem das Wohlergehen der ganzen Gemeinschaft anstrebt.

Sobald auch das Gedeihen der Gemeinschaft angestrebt wird, ist ein wie auch immer gearteter Regierungschef notwendig und ebenso Regeln, Vorschriften und eine Institution, die diese Regeln notfalls auch gegen den Willen der Einzelnen durchsetzen kann.

Die Frage „Individualität oder Gemeinschaft", „Egoismus oder Solidarität", „Freiheit oder Schutz" oder wie auch immer man diese Wahl formulieren möchte, lässt sich nicht durch ein „entweder – oder" klären, sondern nur durch ein „sowohl als auch", was natürlich sofort wieder die Debatte auslöst, wieviel Staat und wieviel Individuum das richtige Maß ist … worüber sich niemals alle einig sein werden …

d) laut, leise und wechselhaft

Der „zu Laute" ist bei der Herrschaftsfrage jemand, der vor allem seine eigene Freiheit will – der „zu Leise" ist bei dieser Frage derjenige, der vor allem den Schutz der Gemeinschaft braucht. Folglich sind die Aktiven, Unternehmer und Kämpferischen eher für die Freiheit, während die Passiven, Arbeitnehmer und Verzagten eher den Schutz der Gemeinschaft brauchen.

Die Wechselhaften sind in diesem Zusammenhang diejenigen, die – wenn sie gerade mal „auf der Welle des Erfolgs schwimmen" – nach immer mehr Freiheit suchen, und die – wenn es mit ihnen mal „bergab geht" – stattdessen nach mehr Schutz durch die Gemeinschaft rufen. Typisch für diese Wechselhaften ist es auch, dass sie in

Hierarchien wie z.B. einem Finanzamt leben und dort „nach oben buckeln“ und „nach unten treten“, um weiter in der Hierarchie aufzusteigen.

e) die individuelle Heilung

Die Heilung des Einzelnen bei dieser Herrschafts-Macht besteht als erstes aus einer Selbsterkenntnis – am besten aus einer sehr gründliche Selbsterkenntnis, die auch die Begegnung mit der eigenen Seele und mit der Gottheit, zu der diese Seele gehört, mit einschließt. Diese klare Selbsterkenntnis ist die sicherste Grundlage dafür, dass jemand in der Lage ist, ein selbstbestimmtes Leben zu führen, sich selber treu zu sein und das auszudrücken, was er in seinem Innersten ist.

Auf dieser Grundlage ergibt es sich fast von selber, dass man zum „Herrn im eigenen Leben“ wird. Damit ist nicht Macht über andere oder eine große Stärke im Kampf gemeint, sondern etwas deutlich Leiseres: Wenn man sich selber treu ist, lösen sich die äußeren Hindernisse nach und nach ganz von selber auf …

f) die kollektive Heilung

Die kollektive Heilung von einer schädlichen Form der Herrschaft ist nichts, was dauerhaft erreicht werden könnte, da es hier um die immer wieder neu zu entscheidende Frage geht, wieviel Freiheit des Einzelnen und wieviel Schutz der Gemeinschaft die richtige Mischung ist.

Da sich die allermeisten darüber einig sind, dass „nur Freiheit und keinerlei Schutz“ und genauso „nur Schutz und keinerlei Freiheit“ nicht das Richtige sein können, ist zwar eine mit Macht ausgestattete Regierung, d.h. eine Herrschaft notwendig, doch diese Herrschaft sollte möglichst gut dagegen abgesichert sein, dass sie zu einer Diktatur werden kann.

Zu diesem Zweck ist in der französischen Revolution die Dreiteilung der Macht ersonnen und institutionalisiert worden: die Gesetzgebung durch die Legislative (Bundestag), die Ausführung der Gesetze durch die Exekutive (Kanzler, Minister, Verwaltung, Polizei) und die Judikative (Richter), die die Einhaltung der Gesetze überwacht.

Diese mittlerweile gut 200 Jahre alte Dreiteilung der Macht war ein deutlicher Fortschritt gegenüber dem Königtum, in dem der König alles bestimmt hat, doch das Prinzip der Parteien, die verschiedene Standpunkte vertreten und die gegeneinander kämpfen, macht dieses System noch ein wenig instabil. Zudem kann die Legislative beschließen, dass ihre eigene Macht oder die der Judikative zugunsten der Exekutive eingeschränkt wird – was dann letztlich dazu führt, dass der Kanzler zu einem autokratischen Herrscher oder gar zu einem Diktator wird.

Die vierte – inoffizielle – Macht ist die freie Presse, die wie die Richter das Geschehen überwacht und diskutiert. Der Schwerpunkt hat sich dabei inzwischen jedoch von den Zeitungen zum Internet verschoben. Das Prinzip der Meinungsfreiheit und der Möglichkeit zum öffentlichen Debattieren und zu Versammlungen ist jedoch dasselbe geblieben.

g) Wikinger-Sprichworte

„Der ist ein Weiser, der sich selber kennt."
anonym: Saga über Hrafnkel Freyr-Godi

„Das ist mein Weg."
anonym: Egil-Saga *(„I do it my way ...")*

„Ich entscheide selber, auf welche Weise ich mein Leben lebe!"
anonym: Frischwassertal-Saga

„Jeder hat etwas, das ihn von den anderen unterscheidet."
anonym: Saga über Feuer-Njal

„Wenn die Männer zum Kampf kommen, ist ein gutes Herz besser als ein gutes Schwert."
anonym: Völsungen-Saga

„Meide den Hochmut."
anonym: Beowulf-Epos

„Viele Menschen haben ihr Leben durch Selbstüberschätzung verloren."
anonym: Saga über Grettir den Starken

6. Technik

♍

a) die Art der Macht

Waffen sind Macht, fortschrittlichere Waffen sind noch mehr Macht, Atombomben sind die derzeit größte Macht.

Industrie ist Macht, fortschrittlichere Industrie wie die Chip-Fabrikation, die Herstellung von Robotern ist noch mehr Macht, Künstliche Intelligenz ist derzeit die größte industrielle Macht.

Panzer sind Macht, die Beherrschung des Luftraumes mithilfe von Flugzeugen und Flugzeugträgern sind noch mehr Macht, die Beherrschung des Weltraums wird bald die größte Macht sein.

Insbesondere das Wissen um die Technik – sowohl die Produktion als auch die Anwendung – geben einem Unternehmen und einem Staat wirtschaftliche und politische Macht.

Wer die Technik hat, kann die anderen ausbeuten …

b) Kraft und Macht

Technik ist zunächst einmal neutral – die Anwendung der Technik macht sie erst zu einem Machtinstrument. Während Waffen eindeutig ein Hilfsmittel zur Vergrößerung der eigenen Macht sind, gibt es auch Techniken wie z.B. neue medizinische Techniken, die zunächst einmal kein Machtmittel sind.

Neue Umweltschutz-Techniken, durch die z.B. organischer Müll in biologischen Dünger oder Plastik-Müll in Treibstoff verwandelt werden kann, können nicht zu den Macht-fördernden Techniken gezählt werden, sondern gehören zu den Kraft-fördernden Techniken, d.h. zu den Techniken, die das Leben der Menschen schützen, erhalten und verbessern.

c) sinnvolle Macht

Sinnvolle technische Macht ist leicht zu erkennen: Dazu gehört jegliche Technik, die den allgemeinen Wohlstand verbessert ohne die Menschheit und das Leben auf der Erde zu bedrohen.

Generell ist technische Macht nichts Schlechtes – sie kann allerdings durch Missbrauch zu Katastrophen führen.

d) laut, leise und wechselhaft

Als „zu laute" technische Macht kann man am ehesten die immer fortschrittlicheren Waffen zählen. Als „zu leise" technische Macht kann man die allgemeine Technik-Feindlichkeit ansehen.

Zu der wechselhaften Version der technischen Macht könnte man evtl. den unentschlossenen Umgang mit bestimmten Techniken wie z.B. der Kernenergie zählen, die mal gefördert und mal verboten wird. Dieses Wanken entsteht dadurch, dass man den Lebensstandard aufrechterhalten will und daher nicht bereit ist, zum Beispiel Einschränkungen im Energieverbrauch zu akzeptieren.

e) die individuelle Heilung

Hier ist die Frage recht einfach: Welche Technik brauche ich und welche nicht? Wie gehe ich mit dieser Technik – Autos, Internet, Haushaltsgeräte usw. – um?

Das, was hier gebraucht wird, ist die bewusste Entscheidung für einen bestimmten Lebensstil, der voraussetzt, dass man sich auch über die sozialen, ökologischen und evtl. noch politischen Folgen der Verwendung einer bestimmten Technologie bewusst ist.

f) die kollektive Heilung

Technische Macht lässt sich kollektiv nur dann eindämmen, wenn allen bewusst ist, welchen Schaden die betreffende Technologie anrichtet. So hat z.B. Monsanto durch sein gentechnisch verändertes Saatgut und die dazugehörigen Herbizide die traditionelle Landwirtschaft in den Entwicklungsländer zu einem großen Teil zerstört und sie von den Monsanto-Produkten abhängig gemacht.

Nur wenn diese Zusammenhänge allgemein bewusst geworden sind, besteht eine Chance, diese schädlichen und ausbeuterischen Methoden der Technik-Konzerne zu beenden.

Neben der Bewusstwerdung ist allerdings auch noch das Prinzip der Kooperation statt der Konkurrenz zwischen Unternehmen und zwischen Staaten als Grundprinzip des menschlichen Handelns nötig, um die Technik zu einem allgemein förderlichen statt schädlichen Aspekt der menschlichen Zivilisation werden zu lassen.

g) Wikinger-Sprichworte

„Über-emsige Menschen sind gewöhnlich nicht sehr vorausschauend."

Saxo der Schriftkundige: Geschichte der Dänen

„Jeder kann durch eine List übertölpelt werden."

anonym: Saga über König Hrolf Bohnenstange und seine Berserker

„Es könnte sein, dass Deine eigene Hinterlistigkeit Dir einen Knoten in Deine Beine gemacht hat."

anonym: Frischwassertal-Saga

„Hier bestätigt sich das Sprichwort: Man späht in die Ferne, aber selten in die Nähe.'"

anonym: Saga über den Kampf auf der Heide

„Glück und Heil für das Werk eurer Hände!"

anonym: Saga über Feuer-Njal

„Greife nicht neben der Tür nach dem Riegel."

anonym: Saga über Grettir den Starken

„Reite nie Dein bestes Pferd, wenn Du in sehr großer Eile bist."

anonym: Saga über Hervor und König Heidrek den Weisen

7. Beziehungen

♎

a) die Art der Macht

In ungefähr einem Drittel der Beziehungen gibt es ein deutliches Machtgefälle statt eines mehr oder weniger ausgeglichenen Miteinanders. Dieses Gefälle kann in drei Varianten auftreten, wobei diese Varianten nur selten einzeln auftreten, sondern meistens Mischformen mit einem Schwerpunkt bei einer der drei Möglichkeiten sind.

Diese drei Formen sind:

- Mangel statt Fülle:	Süchtiger und Asket,
- Angst statt Kraft:	Täter und Opfer,
- Selbstzweifel statt Selbstliebe:	Angeber und Schüchterner.

Der „zu laute" Süchtige/Täter/Angeber ist der in diesem Paar, der nach Freiheit strebt, Hilfe verlangt und der die Macht hat.

Der „zu leise" Asket/Opfer/Schüchterne ist der in diesem Paar, der nach Gemeinschaft strebt, Hilfe gibt und der sich als ohnmächtig empfindet.

Man könnte auf den ersten Blick denken, dass nur der Süchtige/Täter/Angeber aus dem Lot ist und das Problem in dieser Beziehung darstellt, aber das stimmt nicht. Alle beide sind von Mangel, Angst und Selbstzweifeln geprägt. Der eine wird dadurch lediglich „zu laut" und der andere „zu leise".

Anfangs ergänzen sich beide bestens:

- Der „zu Laute" verlangt Hilfe und der „zu Leise" will Hilfe geben;
- Der „zu Laute" will bestimmen und der „zu Leise" will geführt werden;
- Der „zu Laute" verlangt Bewunderung und der „zu Leise" sucht ein Vorbild.

Diese krankhafte Gegensatz-Ergänzung – krankhaft, weil sie auf Mangel, Angst und Selbstzweifeln beruht – ist der Grund, warum sich ein solches Paare gegenseitig anzieht.

Irgendwann kommt jedoch eine Krise, durch die diese krankhafte Gegensatz-Ergänzung plötzlich in einen krankhaften Gegensatz-Kampf umschlägt:

- Der „zu Laute“ verlangt immer mehr Hilfe, weil der „zu Leise“ immer weniger Hilfe gibt – der „zu Leise“ gibt immer weniger Hilfe, weil der „zu Laute“ immer mehr Hilfe verlangt.
- Der „zu Laute“ verlangt immer mehr Gehorsam, weil der „zu Leise“ immer weniger gehorcht – der „zu Leise“ gehorcht immer weniger, weil der „zu Laute“ immer mehr Gehorsam verlangt.
- Der „zu Laute“ verlangt immer mehr Bewunderung, weil der „zu Leise“ ihn immer weniger lobt – der „zu Leise“ lobt immer weniger, weil der „zu Laute“ immer mehr Bewunderung verlangt.

Man sollte annehmen, dass sich die beiden an diesem Punkt in ihrer Beziehung trennen, aber in vielen Fällen bleiben sie trotzdem zusammen, weil der „zu Laute“ fürchtet, dass er sonst gar keine Hilfe, Gefolgschaft und Bewunderung mehr erhält – und der „zu Leise“ fürchtet, dass er sonst ganz alleine, ganz führungslos und ganz ohne Ideal ist.

Ein Genuss ist eine solche Beziehung allerdings ganz und gar nicht.

Man könnte nun denken, dass nur der „zu Laute“ in einer solchen Beziehung Macht ausübt, aber das ist nicht der Fall: Beide könnten gehen, doch sie tun es nicht, weil sie ihren Gegenpol brauchen – und alleine zu sein, ist für sie schrecklicher als diesen Gegensatz-Kampf in ihrer Beziehung auszuhalten. Im Grunde haben beide Macht über den anderen, auch wenn sich beide völlig verschieden verhalten und diese Macht bei den beiden völlig verschieden aussieht.

Einen deutlichen Unterschied gibt es in dieser Beziehung allerdings: Der „zu Laute“ ist durchaus bereit, die Beziehung zu beenden, wenn er jemand Besseres gefunden hat, während der „zu Leise“ das gar nicht erst in Betracht ziehen kann.

b) Kraft und Macht

Die „Kraft“ in Beziehungen lässt sich sehr einfach beschreiben: Jemand ist in einer Beziehung in seiner Kraft, wenn er die Beziehung wählt, aber sie nicht braucht.

Jemand, der in einer Beziehung weder von Macht noch von Ohnmacht gefangen ist, lebt aus seiner inneren Fülle, Kraft und Selbstliebe heraus.

c) sinnvolle Macht

Gibt es in Beziehungen eine sinnvolle Macht? Im Grunde genommen nicht, denn in einer Beziehung sollten sich zwei Menschen auf Augenhöhe begegnen und etwas gemeinsam erschaffen, was beide wollen.

Es gibt zwar so etwas wie eine natürliche Autorität und auch Sachkenntnis, aber daraus entsteht in einer Beziehung keine Machtstruktur, sondern nur eine Arbeitsteilung, die jedoch kein Gefälle zwischen den beiden bewirkt.

Es gibt durchaus ein Machtgefälle zwischen Eltern und ihren Kindern, die darauf beruht, dass die Eltern mehr wissen und können und Situationen besser einschätzen und ihre Kinder schützen können. Eine Paar-Beziehung sollte jedoch keiner Eltern/Kind-Beziehung gleichen, sondern es sollten zwei Menschen gleichberechtigt nebeneinander stehen und das gemeinsam erschaffen, was sie sich beide wünschen.

Sinnvolle Macht braucht mehrere Menschen und zudem Menschen, die in unterschiedlichen Positionen zueinander stehen. Daher gibt es in „heilen“ Paar-Beziehungen keine Macht.

d) laut, leise und wechselhaft

Diese drei Dynamiken sind bereits beschrieben worden:

- der „zu Laute“, der ein Süchtiger, Täter und Angeber ist;
- der „zu Leise“, der ein Asket, ein Opfer und ein Schüchterner ist; und
- der „Wechselhafte“, der immer wieder von dem einen in das andere Extrem fällt.

e) die individuelle Heilung

Die individuelle Heilung kann erst beginnen, wenn der Betreffende erkennt, dass sein Leben von Mangel, Angst und Selbstzweifeln geprägt wird. Erst dann kann er damit aufhören, sein Beziehungs-Problem im Außen lösen zu wollen – erst dann kann er damit beginnen, den Mangel, die Angst und die Selbstzweifel in sich selber zu heilen und schließlich wieder die Fülle, die Kraft und die Selbstliebe in sich selber wiederfinden.

Wenn er das erreicht hat, werden sich seine Beziehungen von selber verwandeln und ebenfalls von Fülle, Kraft und Liebe erfüllt sein.

Es ist möglich, dass sich zwei Menschen in einer Beziehung gemeinsam weiterentwickeln und heilen, aber der häufigere Fall ist sicherlich, dass sich der eine weiterentwickelt (meistens der Asket/Opfer/Schüchterne) und der andere (folglich der Süchtige/Täter/Angeber) die Beziehung so behalten will, wie sie ist – was dann zu einer Trennung führen wird.

f) die kollektive Heilung

Die kollektive Heilung von Machtstrukturen in Beziehungen wird vor allem bei der individuellen Heilung beginnen müssen.

Allerdings wäre eine allgemein größere Bewusstheit über diese Strukturen sicherlich sehr hilfreich und würde sowohl die individuelle als auch die kollektive Heilung deutlich erleichtern.

g) Wikinger-Sprichworte

„Der Mensch ist des Menschen Freude."
anonym: Trideilur Runa

„Das Sprichwort hat sich bestätigt, dass es besser ist, betrogen zu werden als niemals zu vertrauen."
anonym: Flußtal-Saga

„Die Sorgen der Leute werden leichter, wenn sie darüber sprechen können."
anonym: Saga über Sigurd Jerusalem-Fahrer

„Das bestätigt das alte Sprichwort, dass die alten Freundschaften als letztes brechen."
anonym: Saga über Grettir den Starken

„Der Mund läuft von dem über, von dem das Herz voll ist."
anonym: Saga über Feuer-Njal

„Nur das Gemüt, das dem Herzen innewohnt und seine Neigung verschließt, weiß, dass kein ärgeres Übel den Edlen quälen kann als Liebesleid."
anonym: Odins Weisheiten im Havamal

„Frieden ist nicht einfach für die Menschen."
anonym: Saga über die Ersten Siedler

8. Sexualität

♏

a) die Art der Macht

Es gibt auch in der Sexualität Macht. Dies ist bereits von Sigmund Freud untersucht worden. Den Mächtigen, der durch Befehlen und Quälen Lust erlangt, nannte er „Sadist“ – den dazu gehörenden Menschen, der der Ohnmächtige ist, der gehorcht und gequält wird, hat Freud als „Masochist“ bezeichnet.

Man kann das Verhältnis zwischen diesen beiden Polen des Mächtigen und des Ohnmächtigen auch ganz kurz definieren:

> Sagt der Masochist: „Quäl mich!“
> Antwortet der Sadist: „Nein!“

Zur Zeit der Sklaverei und des Königtums war sexuelle Gewalt weit verbreitet – es gibt viele Kinder von Sklavenhaltern und Sklavinnen, da Sklavinnen von den „Herren“ als kostenlose Huren angesehen wurden.

Im europäischen Königtum gab es mindestens seit ca. 1250 das heute absurd erscheinende Gesetz des „jus prima nocte“, also das Recht des Fürsten auf die Entjungferung der Frauen in seinem Land.

Die Sexualität ist im Zusammenhang mit einer Betrachtung der Macht besonders wichtig, weil die Sexualität einer der drei am tiefsten sitzenden Instinkte der Menschen ist: Überlebenstrieb, Sexualität und Schutz der Kinder.

Daher wird Macht von Männern, aber manchmal (deutlich seltener) auch von Frauen dazu benutzt, die erwünschte sexuelle Vereinigung zu erreichen. Das führt dann zu Missbrauch und Vergewaltigungen. Sexuelle Gewalt ist auch in Ehen weit verbreitet.

Die Vergewaltiger sind in den allermeisten Fällen Männer – die vergewaltigten Männer werden in der Regel, aber keineswegs ausschließlich, ebenfalls von Männern vergewaltigt.

Statistische Erhebungen zu diesem Thema sind sehr schwierig, da die meisten Vergewaltigungen aus Scham nicht angezeigt werden. Bei Umfragen gaben ca. 25%

der Befragten an, schon einmal vergewaltigt worden zu sein, und ebenfalls 25%, schon einmal jemanden vergewaltigt zu haben. Wenn man davon ausgeht, dass nur die Hälfte aller Befragten ihr Erlebnis bzw. ihre Tat zugegeben haben, würde man auf ca. 50% der Menschen kommen. Doch wirklich genaue Zahlen sind bei diesem Thema nicht zu erlangen.

Ca. ein Viertel der Vergewaltigungsopfer sind Männer – meistens Jungen und Jugendliche. Sexuelle Angriffe von Männern auf Männer sind die Hauptursache für Selbstmorde in Gefängnissen. In Haftanstalten finden auch immer wieder Gruppenvergewaltigungen statt.

Insbesondere bei Vergewaltigungen in der Ehe ist die Hemmschwelle einer Anzeige sehr hoch. Von den tatsächlich anzeigten Personen werden letztlich nur 8% wirklich auch angeklagt, 3% kommen vor Gericht und nur 2% erhalten tatsächlich eine Freiheitsstrafe.

Seit ca. 1965 sinkt in den westlichen Gesellschaften die Toleranz gegen Gewalt und steigt entsprechend die Bereitschaft, einen Täter anzuzeigen. Damit verbunden ist die Zahl der Vergewaltigungen in den westlichen Kulturen deutlich gesunken – vermutlich um ca. die Hälfte. Diese Entwicklung ist eine Auswirkung der Hippie-Kultur, die nach Frieden und einer Befreiung der Sexualität gestrebt haben und dies auch gelebt hat.

In machen Kulturen wie dem Hinduismus und dem Islam werden nur sehr wenige Vergewaltigungen angezeigt, weil die Frau bei einer Vergewaltigung z.T. als prinzipiell Schuldige angesehen wird oder weil sie in ihrem sozialen Status durch eine Vergewaltigung deutlich sinkt.

Die größte Zahl an Vergewaltigungen werden aus Südafrika, Zentralafrika und Afghanistan berichtet.

Im Zusammenhang mit Kriegen und Folter sind Vergewaltigungen sehr weit verbreitet. Teilweise werden die Soldaten sogar zur systematischen Vergewaltigung aller Frauen im Feindesland angehalten, um die Moral des Feindes zu zerstören. Auch innerhalb des eigenen Militärs werden Soldatinnen, seltener auch Soldaten immer wieder von anderen Männern vergewaltigt.

b) Kraft und Macht

Die „Kraft“-Variante der Sexualität ist offensichtlich der selbstbestimmte und selbstbewusste Umgang mit der eigenen Sexualität.

Macht ist hingegen die gewaltsame oder durch Erpressung erzwungene Sexualität – auch innerhalb einer Beziehung.

c) sinnvolle Macht

In Bezug auf die Sexualität gibt es keine sinnvolle Form der Macht, da die Sexualität immer selbstbestimmt sein sollte.

d) laut, leise und wechselhaft

In Bezug auf die Sexualität ist der „zu Laute“ der Vergewaltiger – der „zu Leise“ ist das Vergewaltigungsopfer. Der „Wechselhafte“ ist derjenige, der eine Vergewaltigung erlitten hat und dann selber andere vergewaltigt hat.

e) die individuelle Heilung

Die Heilung ist schwierig, da durch die Vergewaltigung die psychische und physische Selbstbestimmung des Opfers gebrochen worden sein kann. Wenn das Opfer immerhin noch wütend auf den Täter werden kann, ist das Opfer noch nicht ganz zusammengebrochen – dann ist die Heilung und das Zurückerlangen der eigenen Souveränität etwas einfacher als wenn jemand völlig zusammengebrochen ist und ganz in die Rolle des ohnmächtigen Opfers gefallen ist.

In den allermeisten Fällen – sofern sich das Opfer überhaupt Hilfe sucht – ist eine längere Therapie notwendig, um die Folgen einer Vergewaltigung zu heilen.

In vielen Fällen beschönigt das Opfer auch die Tat des Vergewaltigers oder sucht die Schuld bei sich selber. In diesen Fällen muss der Therapeut dem Opfer erst einmal bewusst machen, dass der Täter die Tat begangen hat und nicht das Opfer – was jedoch alles andere als einfach ist …

Manchmal wird allen Ernstes schon „schönes Aussehen“ als die eigene Schuld dafür, dass man als Kind vergewaltigt worden ist, angesehen. Es ist nicht einfach, solch einem Opfer dabei zu helfen, wieder einen etwas klareren Blick auf die Vergewaltigung zu erhalten.

Ein extrem heikles Thema ist es in diesem Zusammenhang, dem Opfer seine Opfer-Ausstrahlung bewusst zu machen, da dabei die Gefahr besteht, dass das Opfer sich sofort wieder selber wieder als den Schuldigen ansieht.

Die eigentliche Heilung besteht darin, die eigene Kraft in sich selber wiederzufinden. Manchmal kann dabei auch die Begegnung mit dem eigenen Krafttier in einer Meditation oder Traumreise helfen, da dieses Krafttier die eigene heile Weise, sich zu bewegen und zu handeln und daher auch die eigene heile Sexualität verkörpert bzw. symbolisiert.

f) die kollektive Heilung

Die kollektive Heilung einer Kultur, in der Vergewaltigungen mehr oder weniger akzeptiert und verharmlost werden, ist schwierig. Im Gegensatz zu den Heilungen der übrigen Arten der Macht und Gewalt, die hauptsächlich beim Einzelnen ansetzt, ist bei den Vergewaltigungen die allgemeine Ablehnung von Gewalt im Miteinander der Menschen der wichtigste Ansatz, um Vergewaltigungen zu verhindern. Auch eine allgemeine Front gegen alle sexuellen Aggressoren kann sehr wirksam sein.

Allerdings ist bei diesem Thema das Maßhalten der Verurteilung von Männern oder Frauen, die körperliche oder sexuelle Gewalt angewendet haben oder angewendet haben sollen, ein sehr heikles Thema. Ist es z.B. angemessen, dass die gesamte Karriere eines Schauspielers zerstört wird, wenn seine Frau behauptet, von ihm geschlagen worden zu sein? Unabhängig davon, ob diese Behauptung stimmt oder nicht?

Zweifellos dürfen Gewalt und sexuelle Gewalt auch in Beziehungen nicht toleriert werden, aber es sollte trotzdem eine angemessene Strafe ausgesprochen werden und nicht die völlige soziale und gesellschaftliche Vernichtung des Täters angestrebt werden. Doch das ist – wie gesagt – ein ausgesprochen schwieriges Thema.

g) Wikinger-Sprichworte

„Jeder ist gierig nach Leben."

anonym: Saga über Hervor und König Heidrek den Weisen

„Es gibt immer eine Furt."

anonym: Saga über Grettir den Starken

„Die Hand hat jedes Recht sich zu wehren, wenn der Kopf in Gefahr ist."

Saxo der Schriftkundige: Geschichte der Dänen

„Wenn er auf kühne Männer trifft, merkt er, dass er nicht der allertapferste ist."

anonym: Fafnir-Lied

„Wundere Dich nicht, wenn auf das Tal ein Berg folgt!"

Snorri Sturluson: Saga über König Olaf den Heiligen

„Sie raubten niemals Kinder oder Frauen."

anonym – Saga über König Half und seine Helden

„Betrachte das Übel und schaue, welchen Weg es nehmen will."

anonym: Sigdrifa-Lied

9. Ziele

♐

a) die Art der Macht

In Gemeinschaften stellt sich die Frage, welche Werte man hat und vertritt und welche Ziele man daher anstrebt. Diese Entscheidung bündelt dann die Kräfte, die für die Umsetzung dieser Ziele notwendig sind.

Wenn jemand in der Lage ist, einen bestimmten Wert so überzeugend darzustellen, dass andere bereit sind, mit ihm zusammen diese Ziele anzustreben, hat dieser Redner eine Macht, die sich aus seinen Werten und Zielen ergibt.

Im Idealfall schließen sich die anderen ihm freiwillig und aus Überzeugung an – wenn solch ein Redner jedoch genügend Macht hat und polemisch oder gar propagandistisch redet, kann es sein, dass die Zuhörer kaum noch eine andere Möglichkeit haben, als sich dem Redner anzuschließen.

b) Kraft und Macht

Die Unterscheidung von „Kraft“ und „Macht“ ist hier recht einfach: Wenn jemand in sich ruht und nach gründlichem Bedenken von der Richtigkeit und der Wichtigkeit eins Zieles überzeugt ist, handelt es sich um „Ideale-Kraft“ – wenn jemand hingegen nur durch geschickte Argumente und durch das Auslösen von Gefühlen überredet worden ist, bei einer Aktion mitzumachen, handelt es sich um „Ideale-Macht“.

c) sinnvolle Macht

Prinzipiell sollten Werte, Ziele und Ideale tiefe Wurzeln in einem Menschen haben, also seinem eigenen Wesen entsprechen. Nur dann kann das Erreichen dieser Ziele für den Betreffenden wertvoll und bereichernd sein.

Aus der Sicht dessen, der ein Ziel erreichen will, ist es natürlich sinnvoll, möglichst viel Macht zu haben, um andere dazu zu bewegen, bei seinem Projekt mitzumachen, aber das ist eben ein Ausüben von Macht, das auf Kosten der Entscheidungsfreiheit der anderen geht.

Als sinnvolle Macht im Bereich der Werte, Ziele und Ideale könnte man lediglich die ganz existentiellen Situationen nehmen, in denen jemand Macht dazu benutzt, um einen anderen zu retten oder z.B. um die Menschen davor zu bewahren, den Planeten Erde durch die Klimaerwärmung oder durch einen Atomkrieg unbewohnbar zu machen.

Doch die Anwendung der Ideale als Machtmittel ist immer eine heikle Angelegenheit, wenn sie die Freiheit der Einzelnen einschränkt – egal, wie gut die Absichten dieses Mächtigen sind.

Daher ist es fraglich, ob man bei Werten, Zielen und Idealen von einer „sinnvollen Macht“ sprechen kann – zumal ja generell keine Einigkeit darüber besteht, welche Werte, Ziele und Ideale die richtigen und wichtigen sind.

Selbst bei der Frage des Überlebens kann man unterschiedlicher Meinung sein: Soll man den 24.000 Menschen helfen, die auf der Erde noch immer täglich verhungern müssen? Oder ist das für mich belanglos?

d) laut, leise und wechselhaft

„Laut“ sind diejenigen, die ihre Ziele propagieren können und andere zum Mitlaufen bewegen können – „leise“ sind diejenigen, die sich einfangen lassen und mitlaufen.

Ein „Wechselhafter“ wäre jemand, der sowohl manchmal mit anderen mitläuft als zu anderen Zeiten auch selber Mitläufer sucht. Vermutlich ist das ein recht seltener Fall.

e) die individuelle Heilung

Die Heilung des Einzelnen in Bezug auf Werte, Ziele und Ideale ist vom Prinzip her ganz einfach; man muss ihm helfen, seine eigenen Werte zu erkennen und sich dann entsprechend zu verhalten.

In praktischer Hinsicht wird es vermutlich einfach sein, seine aktuellen Werte herauszufinden. Schwieriger wird es jedoch, dann genauer zu erkennen, welche dieser Werte wirklich ursprünglich sind und welche dieser Werte aus Süchten, Ängsten und Selbstzweifeln und evtl. auch aus Traumata heraus entstanden sind und dabei die ursprünglichen Werte verzerrt haben.

Wenn dann schließlich die eigentlichen eigenen Werte klar geworden sind, steht noch der Schritt an, den Mut zu finden, zu diesen Werten zu stehen, sie bei Bedarf auch anderen mitzuteilen und vor allem dann auch gemäß dieser Werten zu leben.

f) die kollektive Heilung

Das kollektive Erkennen der eigenen Werte bzw. der Werte, die für die ganze Gemeinschaft förderlich sind, ist nicht ganz so einfach und eindeutig. Am bekanntesten ist vermutlich Kants Prinzip, dass man niemandem etwas zufügen soll, was man selber auch nicht erleiden will.

Zunächst einmal müssen die Einzelnen angeregt werden, sich selber und ihre Werte zu erkennen und klar zu formulieren. Das kann auch etwas sein, was man von den eigenen Eltern oder in der Schule lernen könnte – auch wenn das derzeit bei weitem noch nicht allgemein üblich ist.

Der zweite Schritt besteht darin, ein klares Bild von dem idealen Zusammenleben der Menschen auf der Erde zu finden und dann neben den individuellen Idealen auch diese kollektiven Ideale zu verfolgen und ihnen entsprechend zu leben.

Als drittes kommt noch hinzu, dass man auch nach Strategien suchen muss, wie man angesichts der vielen verschiedenen individuellen Werte und der vielen kollektiven Werte eine Möglichkeit findet, die eigenen individuellen und kollektiven Werte umzusetzen und ihnen treu zu bleiben, ohne dabei alle anderen mit Hilfe von Macht dazu zu bringen, die eigenen Werte zu übernehmen.

An dieser Stelle wird eine Gesprächs-Kultur gebraucht, durch die Argumente ausgetauscht, Notwendigkeiten eingesehen und Wichtigkeiten abgewogen werden und so schließlich zu einem tragfähigen Konsens gefunden wird. Das ist keine einfache Angelegenheit, aber es ist durchaus möglich.

g) Wikinger-Sprichworte

„Was auch geschehen mag: seid weise und guten Mutes!“
anonym: Atli-Lied

„Es wird nicht alles zu Regen, was am Himmel dunkel wird.“
anonym: Saga über den Kampf auf der Heide

„Das Raten eines Weisen ist eine Prophezeiung.“
anonym: Saga über die Joms-Wikinger

„Guter Rat sollte befolgt werden auch wenn ihn ein einfacher Mann gibt.“
Saxo der Schriftkundige: Geschichte der Dänen

„Der Armselige, Übelgesinnte hohnlacht über alles und weiß doch selbst nicht was er wissen sollte: Dass er nicht fehlerfrei ist.“

anonym: Odins Weisheiten im Havamal

„Das beweist das alte Sprichwort 'niemand weiß alles'.“

anonym: Saga über die Leute von den Orkney-Inseln

„Die Nacht bringt neuen Rat.“

anonym: Odins Runenlied

10. Recht

♑

a) die Art der Macht

Recht und Gesetze sind ganz offensichtlich eine Macht, da der Staat diese Gesetze notfalls mit Polizeigewalt durchsetzt. Diese Gesetze werden durch einen „Allein-bestimmer“ wie einen König oder einen Diktator oder durch eine Gemeinschaft wie in der Demokratie festgelegt. Das kann in der Demokratie entweder ein Beschluss der Legislative (Bundestag) oder eine Volksabstimmung sein.

Das Recht wird durch den bestimmt, der die größte Macht hat – ein Diktator, eine Partei oder das Volk (bei einer Volksabstimmung). Aus dieser Sicht gesehen ist das Recht ganz schlicht die ausformulierte Macht. Das Recht wird so erschaffen, dass es die Werte, die Absicht und die Ziele der Mächtigeren ausdrückt und sie zur Vorschrift für alle erhebt. Das Recht und die Gesetze sind daher ein Herrschaftsinstrument.

Das Recht und die Gesetzte sind zunächst einmal ein formales Recht, d.h. die Gesetze schreiben genau vor, was in welchem Fall zu tun ist. Allerdings haben bereits die Römer erkannt, dass ein besonders strenges Recht ungewollt zu dem größten Unrecht werden kann. Daher hat der Richter stets einen Ermessensspielraum für sein Urteil, wodurch das formale Recht zu einem „menschlichen Recht“ werden kann und das auch werden sollte.

Es gilt zwar das Prinzip, dass vor dem Recht alle gleich sind, aber wer sich einen guten und deshalb teuren Rechtsanwalt leisten kann, kann durchaus im Vorteil sein.

b) Kraft und Macht

Die Macht der Gesetze ist leicht zu erfassen: Sie sind eine Vorschrift, die notfalls mit Polizeigewalt durchgesetzt wird und deren Nichteinhaltung mit Gefängnis bestraft werden kann.

Die „Kraft“ der Gesetze muss daher die Einsicht in die Richtigkeit der Gesetze sein. Der Einzelne wird diejenigen Gesetze als „gerecht“ und daher für sich selber als „förderliche Kraft“ erleben, die mit einen eigenen Werten und Idealen überein-stimmen.

c) sinnvolle Macht

Wenn es eine Gemeinschaft gibt, werden auch Regeln für das Verhalten in dieser Gemeinschaft gebraucht – ansonsten bleibt die Gemeinschaft eine Gruppe von Individuen, aber wird nicht wirklich zu einer Gemeinschaft. Gesetze sind daher auch die Regeln, die sich eine Gemeinschaft selber gibt.

In den jungsteinzeitlichen Stammesgesellschaften gab es noch keine Gesetze und Strafen, sondern nur die Beschlüsse der Gemeinschaft, denen der Einzelne folgen konnte oder auch nicht. Niemand wurde zu etwas gezwungen. Allerdings war der Gruppendruck recht hoch, denn viele Dinge konnte man ohne die Gemeinschaft nicht durchführen und es war deutlich schwieriger, ohne die Gemeinschaft zu überleben. Daher war auch der Ausschluss aus der Gemeinschaft – weil man die Gemeinschaft fortwährend schädigte – das Schlimmste, was einem in solchen Gemeinschaften geschehen konnte.

Im Königtum wurde die Zentralverwaltung eingerichtet, d.h. der König hatte die Macht, das Handeln der Einzelnen zumindest in manchen Bereichen zu bestimmen. Das Wort des Königs war Gesetz. Da durch die Zentralverwaltung vor allem die Bewässerung der Landwirtschaft und dadurch die Ackerbau-Erträge und die Vorratshaltung an Nahrungsmitteln deutlich besser wurden, stimmten die meisten diesen Bestimmungen des Königs auch zu.

Im Materialismus wurde diese zentrale Macht des Königs in die Legislative, die Exekutive und die Judikative aufgeteilt, um die Machtwillkür der Herrschenden zu beenden.

In der Epoche der Globalisierung, die in etwa mit dem Ende des 2. Weltkrieges begonnen hat, kommt allmählich noch der Einfluss der Staatenbünde wie der EU und der UNO hinzu, die zwar nur z.T. auch bindende Gesetze erlassen können, aber dennoch an Einfluss gewinnen.

Die Gemeinschaft – Dorf, Staat, Staatengemeinschaft, Menschheit – braucht zu ihrer Aufrechterhaltung und zur Verwirklichung der kollektiven Ziele Gesetze, an die sich alle halten müssen. Daher gibt es eine sinnvolle rechtliche Macht.

Allerdings gibt es zu der genaueren Ausformulierung dieser Gesetze stets viele verschiedene Meinungen, sodass immer wieder aufs Neue tragfähige Kompromisse erarbeitet werden müssen.

d) laut, leise und wechselhaft

„Zu laute“ Gesetze sind solche, die den Menschen in fast allem genau vorschreiben, was sie tun dürfen und was nicht und auch, was sie tun müssen.

„Zu leise“ Gesetze wären solche, die nicht genau genug vorschreiben, wie sich die Mitglieder einer Gemeinschaft zu verhalten haben – das ist jedoch ein eher seltener Fall …

„Wechselhafte“ Gesetze sind ebenfalls eher unwahrscheinlich, da Gesetzte dazu neigen, eben alles genau festzulegen. Es besteht daher die Notwendigkeit abzuwägen, was alles geregelt werden muss und was man ungeregelt lassen kann.

Doch auch dazu gibt es – wie allgemein üblich – recht verschiedene Meinungen …

e) die individuelle Heilung

Gesetze, die andere Werte festlegen als die, die man selber hat, sind ein Problem für den Einzelnen. Möglicherweise kann man den Sinn dieser Gesetze doch noch einsehen oder ihre Existenz zumindest tolerieren. Wenn das nicht möglich ist, muss man entweder versuchen diese Gesetzte auf legale Weise zu umgehen oder in einen Staat auswandern, dessen Gesetze besser mit den eigenen Werten übereinstimmen.

Man kann natürlich auch die Gesetze einfach ignorieren und so handeln, wie man das selber will, doch das birgt das Risiko, schließlich dabei ertappt und bestraft zu werden, wodurch man dann noch weiter als zuvor von dem Leben entfernt ist, das man eigentlich führen will.

f) die kollektive Heilung

In Bezug auf die Gesetze ist die kollektive Heilung tatsächlich einfacher als die individuelle Heilung, denn wenn sich alle oder zumindest eine ausreichend große Mehrheit einig ist, dass bestimmte Gesetze anders sein sollten als sie derzeit sind, kann diese Mehrheit das in den meisten Fällen auch durchsetzen.

g) Wikinger-Sprichworte

„Wenig weiß man, bevor man es nicht versucht hat.“
anonym: Saga über König Harald Hart-Rat

„Der beharrliche Mann hat oftmals Glück“
anonym: Saga über Pfeile-Odd

„Ein sehr weiser Mann, dem ein Unglück begegnet, sollte dadurch seinen Geist nicht beunruhigen lassen.“
anonym: die sehr hilfreichen Aussprüche des Weisen

„Mir scheint, dass es besser ist, vorher zu bedenken, als nachher zu bedauern."
anonym: Frischwassertal-Saga

„Viele Männer werden tapfer, wenn sie in die Enge getrieben werden, auch wenn sie die übrige Zeit nicht tapfer sind."
anonym: Saga über die Leute von Eyre

„Man braucht Jahre, um einen Mann kennenzulernen."
anonym: Morkinskinna

„Dies verging und jenes wird wohl auch vergehen."
anonym: Deor (Exeter-Buch)

11. Ideologie

a) die Art der Macht

Eine Ideologie ist ein gesellschaftliches, soziales, politisches oder religiöses Weltbild, das entweder eine bereits vorhandene Gemeinschaft wie z.B. einen Staat prägt oder das von einer Gruppe vertreten wird, die ihr Weltbild zum allgemein prägenden Prinzip machen will. Das kann die freie Marktwirtschaft, die soziale Marktwirtschaft, die Zentrale Planwirtschaft, der Sozialismus, die Multi-Kulti, die ethnische Reinhaltung, die Kooperation, das Christentum, der Islam usw. sein – hier gibt es viele Varianten.

Typisch für solche Ideologien ist, dass sie oft am meisten die nur geringfügig abweichenden anderen Versionen ihrer eigenen Ideologie bekämpfen – also christliche Sekten untereinander oder kommunistische Splittergruppen untereinander.

Oft gibt es in Ideologien einen Gruppenzwang, der bis zu dem polarisierenden Prinzip „Wer nicht für mich ist, ist gegen mich!“ gehen kann.

In Staaten wird die Ideologie zum Gesetz. In den Staaten, in denen die Gemeinschaft – oder der Wille des Präsidenten – deutlich mehr zählt als das Individuum, engt die Ideologie den Einzelnen sehr stark ein. Sehr deutlich ist das zur Zeit in China mit der Einführung des Sozialkreditsystems zu sehen, durch das das soziale Verhalten bewertet wird, d.h. bei konformem Verhalten gibt es Vergünstigungen und bei nicht-konformen Verhalten Einschränkungen. Der Extremfall sind solche Strategien wie die „Gleichschaltung des Volkes“ im „3. Reich“, durch die den Einzelnen weitgehend jede Eigenständigkeit genommen wird.

Auch religiös geprägte Staaten wie die christlichen Königreiche im Mittelalter oder einige heutige stark islamisch geprägte Staaten haben eine Ideologie, die die Werte der jeweiligen Religion absolut setzt und diesen Werten und diesen religiösen Vorschriften alles andere unterordnet.

b) Kraft und Macht

Macht im Bereich der Weltanschauungen besteht darin, dass Einzelne oder eine Teilgruppe der gesamten Gemeinschaft ihre Werte und deren Einhaltung vorschreibt.

Kraft im Bereich der Weltanschauungen besteht folglich darin, dass jeder Einzelne seine Weltanschauung haben und sie auch leben kann – soweit er dadurch andere nicht in ihrer Weltanschauung und Lebensweise behindert.

c) sinnvolle Macht

Ein gewisses Maß an Macht muss jede Gemeinschaft und jeder Staat haben, da er sonst die Prinzipen, auf die er gegründet wurde, nicht schützen und erhalten kann. Eine Demokratie, die sich nicht gegen Extremisten oder Anti-Demokraten schützt, läuft Gefahr, zerstört zu werden. Dasselbe gilt natürlich auch für autoritäre Regierungsformen oder für religiös geprägte Verfassungen.

Die Frage, was hier noch „sinnvolle Macht" ist und was bereits „unterdrückende Macht" ist, hängt wieder einmal sehr stark von den Werten ab, die derjenige hat, der ein solches System bewertet.

Man kann natürlich generell sagen, dass der Schutz des Lebens des Einzelnen und seine Entfaltung ein allgemeingültiger Wert sind, doch auch in diesem Punkt gibt es durchaus Ansichten, die andere Prinzipien – z.B. eine Religion – über die individuellen Wertmaßstäbe setzen.

Vermutlich kann man nur das Überleben der Menschheit als Ganzer als einen Wertmaßstab annehmen, der allgemein akzeptiert wird – wobei es über die Art des Überlebens und die Form des Verhaltens, die zu diesem Überleben führen soll, natürlich wieder verschiedene Meinungen geben wird: Freie Marktwirtschaft? Fundamental-Christentum? Islamisch Gesetzgebung? Ein Sozialkreditsystem wie in China? Okö-Herrschaft?

Das, was „sinnvolle Macht" ist, hängt im Bereich der Ideologien ganz von der eigenen Weltanschauung ab …

d) laut, leise und wechselhaft

„Laut" ist jemand, der die eigene Weltanschauung für allgemeingültig und für allgemeinverbindlich hält.

„Leise" ist jemand, der die eigene Weltanschauung als eine reine Privatangelegenheit ansieht.

„Wechselhaft" ist jemand, der die eigene Weltanschauung mal anderen aufdrängen will und mal sich den Ansichten anderer anpasst. Das ist jedoch ein eher seltener Fall.

e) die individuelle Heilung

Was ist eigentlich die individuelle Heilung in Bezug auf Ideologien? Vermutlich kann man nur eine eigenständige Meinung, die sich an der Selbsterkenntnis, dem eigenen Weltverständnis und Werten orientiert, als „heile Ideologie“ bezeichnen.

Doch dann, wenn ein Mensch diese eigene „heile Ideologie“ gefunden hat, bleibt es noch die Frage, wie er nach diesen Prinzipien zu leben versucht. Vermutlich kann man zumindest sagen, dass er selber nach seinen eigenen Ansichten leben sollte und dass er andere ebenfalls nach deren Ansicht leben lassen sollte.

Doch sobald ein Einzelner zu dem Schluss kommt, dass die Welt nur zu retten ist, wenn alle seiner eigenen Meinung zustimmen und sich auch entsprechend verhalten, wird es schwierig, denn in der Regel sehen diese Menschen dann die Ausweitung ihrer privaten Meinung zu einer allgemeinen Handlungs-Maxime als existentiell notwendig an, sodass aus ihrer Sicht ihre eigene Ansicht eine Durchsetzungs-Macht erfordert, die dann logischerweise auch als „sinnvolle Macht“ angesehen wird.

Es ist offensichtlich, dass sich im Bereich der Ideologien ein Kampf der Meinungen kaum vermeiden lassen wird …

f) die kollektive Heilung

Was ist nun die kollektive Heilung in Bezug auf Ideologien? Wenn es eine allgemeine Meinungsfreiheit gibt? Wenn es eine Weltbild-Diktatur gibt, die jedoch zum Überleben der Menschheit auf der Erde führt? Oder irgendetwas dazwischen?

Zumindest kann man sagen, dass das heutige demokratische System den Nachteil hat, dass bei Abstimmungen die Mehrheit siegt und die Werte der Mehrheit umgesetzt werden. Das ist offensichtlich ein kämpferisches Konkurrenz-Prinzip. Daher reden die Politiker auch stets so, wie sie die meisten Stimmen zu bekommen glauben.

Eine Alternative wäre ein kooperatives System, in dem stets alle Meinungen, d.h. alle gewählten Parteien anteilmäßig berücksichtigt werden. Ein Entwurf für ein solches System findet sich in dieser Reihe in dem Buch „Die 12 Tore zur Sophikratie“.

g) Wikinger-Sprichworte

„Ich sage alles so, wie es ist.“

Snorri Sturluson: Hattatal

„Durch Recht wird das Land gedeihen, durch Unrecht wird es veröden.“

anonym: Frost-Thing Gesetz

„Ein Mann wird als unwissend angesehen, wenn er niemals mehr als die Küste Islands erforscht hat.“

anonym: Lachstal-Saga

„Reisen weiten in unerwarteter Weise.“

anonym: Streit-Tal-Saga

„Nichts ist so besonders, dass es nicht seinesgleichen gäbe.“

anonym: Morkinskinna

„Die Wölfe haben oft bewirkt, dass die miteinander streitenden Schweine miteinander Frieden geschlossen haben.“

Saxo der Schriftkundige: Geschichte der Dänen

„Aus Üblem entsteht Übles.“

anonym: Saga über Hühner-Thorir

12. Magie

♓

a) die Art der Macht

Was ist magische Macht? Gibt es die überhaupt? Wenn man noch keinerlei Erfahrungen mit Telepathie, Telekinese, Feng-Shui, Astrologie, Spiritismus, Familienaufstellungen und dergleichen gemacht hat, die einem gezeigt haben, dass es nicht-physikalische Phänomene gibt, ist die Antwort vermutlich, dass es so etwas wie eine „magische Macht" nicht gibt. Was in diesem Fall auch die einzig vernünftige Schlussfolgerung wäre …

Wenn man jedoch schon derartige Erlebnisse gehabt hat, kann man sich fragen, inwieweit auch diese magischen – oder wenn man will, diese parapsychologischen – Phänomene auch zu einer Macht führen können.

Es gibt einige Menschen, die sofort, wenn sie einen Raum betreten, diesen Raum erfüllen und prägen. Oft sind diese Menschen auch in der Lage, fast mühelos die Gespräche, an denen sie teilnehmen, so zu lenken, wie sie es wollen.

Eine etwas drastischere Form der Dominanz ist die Hypnose. Die Grundhaltung des „Raum-Prägens" und der Hypnose ist dieselbe: Man stellt sich innerlich an die Stelle des Wachbewusstseins der anderen – man dehnt sich gewissenmaßen auf den Raum bzw. auf die anderen Personen aus, man „besetzt" den Raum und die Menschen ihm.

Dasselbe Prinzip wird auch bei den „Fernstößen" im chinesischen Shaolin Kung-Fu oder im russischen Systema angewendet: Man dehnt das eigene Bewusstsein auf den anderen aus, wodurch man dessen Körper wie den eigenen Körper bewegen kann. Das klingt vermutlich ein wenig abenteuerlich und unglaubwürdig – was es ja auch ist, solange man das nicht selber erlebt hat.

Eine ganz andere Form der magischen Macht – die viele vermutlich anderes bezeichnen würden – besteht darin, Gott, eine Gottheiten, einen Heiligen oder die Ahnen um Hilfe zu bitten. Die Bitten an Gott, eine Gottheit oder einen Heiligen sind in vielen Religionen üblich.

Die Bitten an die Ahnen stammen hingegen aus den frühen Stammes-Religionen, in denen der sogenannte Ahnenkult (eigentlich Bitten an die Ahnen) üblich war, weil die eigenen Eltern der sicherste Rückhalt waren – heute findet sich diese Form der Magie bzw. der Religion wieder im Spiritismus und in den Familienaufstellungen.

b) Kraft und Macht

Die Unterscheidung ist hier ähnlich wie bei dem Einsatz der körperlichen Kraft: Die Verwendung der Magie „für sich“ ist „magische Kraft“ – die Verwendung der Magie „gegen andere“ ist „magische Macht“.

Die Verwendung von Magie gegen andere wird meistens als „schwarze Magie“ bezeichnet, doch das ist ein irreführender und polarisierender Begriff, denn Schwarze Magie ist genauso selten wie Weiße Magie – wie im alltäglichen Handeln ist auch die Magie in den meisten Fällen einfach eine mal etwas hellere, mal eine etwas dunklere Graue Magie. Man wendet in der Magie schließlich dieselben Wertmaßstäbe an wie auch sonst im Alltag.

Als „magische Kraft“ kann man vor allem das Handeln aus der eigenen Seele heraus bezeichnen, die man durch Meditationen oder Traumreisen kennengelernt hat. Dazu gehört auch noch die Begegnung mit dem eigenen Krafttier, die die Effektivität der eigenen Magie deutlich steigert, sowie die Begegnung mit der Gottheit, von deren „Meer“ die eigene Seele sozusagen ein „Tropfen“ ist.

Generell gehört das Vertrauen in eine Gottheit zu der „magischen Kraft“, da dieses Vertrauen das eigene Leben gedeihen lässt und sich in keiner Weise gegen einen anderen Menschen richtet.

„Magische Macht“ kann durchaus mit politischer Macht kombiniert werden – z.B., wenn man Magie und Massenpsychologie dazu benutzt, um Menschen gleichzuschalten und um dem kollektiven Unterbewusstsein die gewünschten Bilder einzuprägen. Das geschieht z.B., wenn man einzelne Anschläge dafür nutzt, um ein ganzes Volk, eine soziale Gruppe oder gleich alle Migranten zu verteufeln.

Es ist allerdings sehr schwer einschätzbar, wieviel magische Kenntnis diejenigen besitzen, die danach streben, Massenphänomene zum Erlangen von politischer Macht zu erzeugen. Vieles kann man dabei auch intuitiv richtig machen, also so, wie es auch jemand, der sich gut mit Magie auskennt, tun würde.

Generell sind Telepathie und ähnliche Fähigkeiten ja etwas, was jeder in einem gewissen Maße besitzt. Daher ist die telepathische Wirkung stets mit dabei, wenn man etwas macht. So gesehen gibt es keine „Handlungen ohne Magie“ – es ist daher eher die Frage, ob jemand diese Möglichkeit in außergewöhnlich großem Maße und auf ganz gezielte Weise benutzt.

So gut wie jeder kennt ja das Phänomen, dass man an jemanden denkt und kurz darauf der Betreffende anruft. Oder dass man sich in der Stadt plötzlich umdreht und sieht, dass man von hinten von jemandem angestarrt wird. Diese Fähigkeiten kann man schulen und auch gezielt nutzen – aber sie sind eigentlich nichts Außergewöhnliches, sondern zählen in unserer Kultur lediglich nicht zu den Dingen und Erlebnissen, über die man nicht oft miteinander spricht.

c) sinnvolle Macht

Es gibt die magische Macht und ihre Möglichkeiten, andere zu beeinflussen und in Maßen zu lenken. Die Frage danach, ob magische Macht sinnvoll sein kann, hängt wieder einmal von dem eigenen Wertmaßstab ab.

Wenn man die individuelle Freiheit der Förderung der Gemeinschaft vorzieht, gibt es keine magische sinnvoll Macht, da sie eben die Freiheit des Einzelnen (außer natürlich der Freiheit des Magiers) einschränken würde.

Wenn man jedoch die Förderung der Gemeinschaft als wichtiger als die persönliche Freiheit ansieht, zählen auch die magische oder religiöse Macht zu den Formen der Macht, die notwendig sind, um den Willen der Gemeinschaft gegenüber dem Willen des Einzelnen durchzusetzen.

Im Buddhismus, im Christentum und vielen anderen Religionen wird gefordert, dass man nicht mit einer aggressiven Antwort auf Aggression reagiert. Das entspricht dem Teil der Menschheit, die die Gemeinschaft über das Individuum stellen würde.

Der andere Teil der Menschheit, der das Individuum über die Gemeinschaft stellen würde, gehört tendenziell zu denen, die eher zur Magie als zur Religion gehören. Allerdings kann man nicht generell die Religion dem Gemeinschaftssinn und die Magie dem Egoismus gleichsetzen – das ist nur eine Tendenz.

Es findet sich also auch hier wieder der Gegensatz der beiden Werte „Freiheit" und „Gemeinschaft".

d) laut, leise und wechselhaft

Der rücksichtslose Egoismus ist auch in der Magie und der Religion die „zu laute" Form.

Die „zu leise" Form findet sich bei denen, die sich durch die „zu Lauten" lenken oder gar unterdrücken lassen.

Die wechselhafte Variante ist die, bei der man zwischen „andere prägen" und „sich selber führen lassen" hin und her schwankt.

e) die individuelle Heilung

Auch hier ist es wieder die Selbsterkenntnis und die darauf beruhende Selbstständigkeit und Selbstsicherheit, die den besten Schutz gegen äußere – magische, soziale, politische – Manipulation bildet.

f) die kollektive Heilung

Die kollektive Heilung in magischer Hinsicht eines Volkes ist ein vermutlich sehr seltener Fall, da die Anwendung von Magie nur schwer nachweisbar ist. Generell kann man sagen, dass die Förderung der individuellen Eigenständigkeit und der politischen Sachlichkeit und Selbständigkeit eine gute Grundlage für die Heilung von kollektiven Traumas aller Art ist.

g) Wikinger-Sprichworte

„Was vielen anderen geschieht, kann auch mir geschehen.“
anonym: Ljosvetninga-Saga

„Wenig Hilfe ist immer besser als gar keine.“
anonym: Frischwassertal-Saga

„Das Äußere zeigt nicht das Innere.“
anonym: Saga über Feuer-Njal

„Heilsprüche lerne, solange Du lebst.'“
anonym: Odions Weisheiten im Loddfafnir-Lied

„Hüte Dich vor Zauberei, denn wenige Dinge sind mächtiger als ein Schadens-Zauber.“
anonym: Saga über Grettir den Starken

„Lasst uns zum Heiligen Berg gehen“, sagte Snorri, „denn Pläne, die dort geschmiedet werden, scheitern nicht so leicht.“
anonym: Saga über die Leute von Eyre

Möge Odin mit Dir sein!“
anonym: Saga über König Olaf den Ruhmreichen

Bücher von Harry Eilenstein

Magie für Anfänger
- Telepathie für Anfänger (60 S.)
- Telepathie für Fortgeschrittene (52 S.)
- Telekinese für Anfänger (52 S.)
- Analogien für Anfänger (56 S.)
- Omen und Orakel für Anfänger (52 S.)
- Lebenskraft für Anfänger (60 S.)
- Meditation für Anfänger (56 S.)
- Kundalini für Anfänger (100 S.)
- Hypnose für Anfänger (56 S.)
- Kampfmagie für Anfänger (172 S.)
- Auto-Movement für Anfänger (56 S.)
- Chakra-Magie für Anfänger (148 S.)
- Astralreisen für Anfänger (56 S.)
- Astrologie für Anfänger (120 S.)
- Astrologische Quadrate für Fortgeschrittene (72 S.)
- Partnerhoroskope für Anfänger (100 S.)
- Silberschnüre für Anfänger (52 S.)
- Zaubersprüche für Anfänger (60 S.)
- Ritual-Magie für Anfänger (56 S.)
- Mandalas für Anfänger (68 S.)
- Geldzauber für Anfänger (56 S.)
- Liebeszauber für Anfänger (52 S.)
- Invokationen für Anfänger (52 S.)
- Evokationen für Anfänger (60 S.)
- Geister für Anfänger (52 S.)
- Elfen für Anfänger (56 S.)
- Magie-Forschung für Anfänger (140 S.)
- Magie-Romantik für Anfänger (60 S.)
- Selbsterkenntnis für Anfänger (52 S.)
- Einweihungen für Anfänger (60 S.)
- Drogen-Kabbala für Anfänger (216 S.)
- Zahlensymbolik für Anfänger (60 S.)
- Die Sprache des Mondes – für Anfänger (116 S.)
- Zaubergesänge für Anfänger (100 S.)
- Zukunftschau für Anfänger (60 S.)
- Schamanismus für Anfänger (52 S.)
- Schwitzhütten für Anfänger (52 S.)
- Magische Gegenstände für Anfänger (68 S.)
- Übertragungen für Anfänger (68 S.)
- Zaubertränke für Anfänger (64 S.)
- Magie-Gesten für Anfänger (252 S.)
- Da'ath-Magie für Anfänger (64 S.)
- Magie-Heilungen für Anfänger (68 S.)
- Kornkreise für Anfänger (348 S.)
- Feng Shui für Anfänger (96 S.)
- Tao für Anfänger (112 S.)
- Magie für Anfänger – Sammelband I (696 S.)
- Magie für Anfänger – Sammelband II (664 S.)
- Magie für Anfänger – Sammelband III (580 S.)
- Magie für Anfänger – Sammelband IV (700 S.)
- Magie für Anfänger – Sammelband V (676 S.)
- Magie für Anfänger – Sammelband VI (640 S.)

Magie
- Handbuch für Zauberlehrlinge (408 S.)
- Wie man das Pentagramm-Ritual zum Leben erweckt (308 S.)
- Tarot (104 S.)
- Physik und Magie (184 S.)
- Die Synthese von Physik und Magie (200S.)
- Die Magie-Formel (156 S.)
- Schwarze Löcher in der Magie (56 S.)
- Krafttiere – Tiergöttinnen – Tiertänze (112 S.)
- Schwitzhütten (524 S.)
- Mythen und Magie der Harfe (116 S.)
- Drei Adeptus Major Rituale (192 S.)
- Drei Adeptus Exemptus Rituale (120 S.)
- Zwei Infans Abyssi Rituale (128 S.)

Traumreisen
- Traumreisen zu Heilpflanzen (700 S.)
- Traumreisen zum kabbalistischen Lebensbaum (132 S.)

Meditation
- Der Lebenskraftkörper (230 S.)
- Die Chakren (100 S.)
- Das Chakren-System mit den Nebenchakren (296 S.)
- Organe und Chakren (64 S.)
- Die platonischen Körper in den Chakren (156 S.)
- Meditation (140 S.)
- Drachenfeuer (124 S.)
- Kundalini I (676 S.)
- Kundalini II (672 S.)
- Reinkarnation (156 S.)
- einsgerichtet (140 S.)

Astrologie
- Astrologie (496 S.)
- Photo-Astrologie (428 S.)
- Die astrologischen Aspekte (88 S.)
- Horoskop und Seele (120 S.)

Kabbala
- Kursus der praktischen Kabbala (150 S.)
- Eltern der Erde (450 S.)
- Blüten des Lebensbaumes:
    1. Die Struktur des kabbalistischen Lebensbaumes (370 S.)
    2. Der kabbalistische Lebensbaum als Forschungshilfsmittel (580 S.)
    3. Der kabbalistische Lebensbaum als spirituelle Landkarte (520 S.)
- Logik und Wirkung der Analogie (700 S.)

Eilenstein, Frater V.D., Knecht, Büdenbender
- Magie heute – Berichte aus der Praxis (288 S.)

Büdenbender, Eilenstein
- Chaos, Alk und Magic (436 S.)

Germanen

1. Die Entwicklung der germanischen Religion (556S.)
2. Lexikon der germanischen Religion (576S.)
3. Der ursprüngliche Göttervater Tyr (584S.)
4. Tyr in der Unterwelt: der Schmied Wieland (228S.)
5. Tyr in der Unterwelt: der Riesenkönig 1 (448S.)
6. Tyr in der Unterwelt: der Riesenkönig 2 (452S.)
7. Tyr in der Unterwelt: der Zwergenkönig (304S.)
8. Der Himmelswächter Heimdall (140S.)
9. Der Sommergott Baldur (228S.)
10. Der Meeresgott: Ägir, Hler und Njörd (176S.)
11. Der Eibengott Ullr (148S.)
12. Die Zwillingsgötter Alcis (292S.)
13. Der neue Göttervater Odin 1 (672S.)
14. Der neue Göttervater Odin 2 (160S.)
15. Der Fruchtbarkeitsgott Freyr (320S.)
16. Der Chaos-Gott Loki (608S.)
17. Der Donnergott Thor (600S.)
18. Der Priestergott Hönir (76S.)
19. Die Göttersöhne (204S.)
20. Die unbekannteren Götter (248S.)
21. Die Göttermutter Frigg (220S.)
22. Die Liebesgöttin: Freya und Menglöd (424S.)
23. Die Erdgöttinnen (212S.)
24. Die Korngöttin Sif (104S.)
25. Die Apfel-Göttin Idun (144S.)
26. Die Hügelgrab-Jenseitsgöttin Hel (288S.)
27. Die Meeres-Jenseitsgöttin Ran (112S.)
28. Die unbekannteren Jenseitsgöttinnen (384S.)
29. Die unbekannteren Göttinnen (308S.)
30. Die Nornen (328S.)
31. Die Walküren (636S.)
32. Die Zwerge (424S.)
33. Der Urriese Ymir (220S.)
34. Die Riesen (384S.)
35. Die Riesinnen (368S.)
36. Mythologische Wesen (280S.)
37. Mythologische Priester und Priesterinnen (220S.)
38. Sigurd/Siegfried (672S.)
39. Helden und Göttersöhne (628S.)
40. Die Symbolik der Vögel und Insekten (496S.)
41. Die Symbolik der Schlangen, Drachen und Ungeheuer (616S.)

42.a Die Symbolik der Herdentiere 1 (448S.)
42.b Die Symbolik der Herdentiere 2 (304S.)

43. Die Symbolik der Raubtiere (372S.)
44. Die Symbolik der Wassertiere und sonstigen Tiere (164S.)
45. Die Symbolik der Pflanzen (192S.)
46. Die Symbolik der Farben (124S.)
47. Die Symbolik der Zahlen (640S.)
48. Die Symbolik von Sonne, Mond und Sternen (596S.)

49.a Das Jenseits 1 – Das Hügelgrab (428S.)
49.b Das Jenseits 2 – Der Jenseitsweg (484S.)

50. Astralreise, Seelenvogel, Utiseta und Einweihung (420S.)
51. Wiederzeugung und Wiedergeburt (476S.)
52. Elemente der Kosmologie (412S.)
53. Der Weltenbaum (324S.)
54. Die Symbolik der Himmelsrichtungen und der Jahreszeiten (276S.)

55.a Mythologische Motive 1 – Aufbau (492S.)
55.b Mythologische Motive 2 – Vorgänge (480S.)

56. Der Tempel (397S.)
57. Die Einrichtung des Tempels (696S.)
58. Priesterin – Seherin – Zauberin – Hexe (428S.)
59. Priester – Seher – Zauberer (300S.)
60. Rituelle Kleidung und Schmuck (140S.)
61. Skalden und Skaldinnen (92S.)
62. Kriegerinnen und Ekstase-Krieger (224S.)
63. Die Symbolik der Körperteile (340S.)

64.a Magie und Ritual 1 – Magie (608S.)
64.b Magie und Ritual 2 – Kult (592S.)
64.c Magie und Ritual 3 – Heilung (192S.)

65. Gestaltwandler (316S.)

66.a Magische Angriffs-Waffen (660S.)
66.b Magische Verteidigungs-Waffen (328S.)

67. Magische Werkzeuge und Gegenstände (348S.)
68. Zaubersprüche (340S.)
69. Göttermet (416S.)
70. Zaubertränke (72S.)
71. Träume, Omen und Orakel (284S.)
72. Runen (252S.)
73. Sozial-religiöse Rituale (328S.)
74. Weisheiten und Sprichworte (540S.)
75. Kenningar (664S.)
76. Rätsel (160S.)
77. Die vollständige Edda des Snorri Sturluson (512S.)
78. Frühe Skaldenlieder (224S.)

79.a Mythologische Sagas 1 (488S.)
79.b Mythologische Sagas 2 (372S.)

80. Hymnen an die germanischen Götter (684S.)

nicht Teil der Germanen-Reihe:

- Odin (300 S.)

Kelten

- Cernunnos (690 S.)
- Taliesin (228 S.)
- Der Kessel von Gundestrup (220 S.)
- Der Chiemsee-Kessel (76)

Inder

- Dakini (80 S.)
- Vajra (76 S.)

Griechen

- Pan (336 S.)
- Poseidon (668 S.)

Religion allgemein
- Die sieben Schritte des Lebens (428 S.)
- Muttergöttin und Schamanen (168 S.)
- Totempfähle (440 S.)
- Der Urriese (168 S.)

Jungsteinzeit
- Göbekli Tepe (472 S.)
- Die Göttin von Göbekli Tepe (144 S.)
- Die Rituale von Göbekli Tepe (112 S.)

Ägypten
- Hathor und Re 1: Götter und Mythen im im Alten Ägypten (432 S.)
- Hathor und Re 2: Die altägyptische Religion – Ursprünge, Kult und Magie (396 S.)
- Isis (508 S.)
- Ma'at (200 S.)

Indogermanen
- Die Entwicklung der indogermanischen Religionen (700 S.)
- Wurzeln und Zweige der indogermanischen Religion (224 S.)

Christentum
- Christus (60 S.)
- Die Biographie des Teufels (144 S.)
- Die Magie der Propheten Elias und Elisa (96 S.)

Psychologie
- Über die Freude (100 S.)
- Das Geheimnis des inneren Friedens (252 S.)
- Das Beziehungsmandala (52 S.)
- Gefühle und ihre Verwandlungen (404 S.)
- einsgerichtet (140 S.)
- Liebe und Eigenständigkeit (216 S.)
- Von innerer Fülle zu äußerem Gedeihen (52 S.)
- Kreative Hochzeits-Rituale (56 S.)

Heilung
- Die Symbolik der Krankheiten (76 S.)

Kunst
- Herz des Tanzes – Tanz des Herzens (160 S.)
- Die Wurzeln der Kunst (60 S.)
- Wege zur Musik-Improvisation (32 S.)

Drama
- König Athelstan (104 S.)

Roman
- Maran der Schamane (548 S.)
- Maran der Zauberlehrling (676 S.)
- Maran der Harfner (700 S.)
- Maran der Krieger (700 S.)
- Maran der Magier (900 S.)
- Maran der Weise (900 S.)

Entwürfe für die Zukunft
1. Die 12 Stile des Tierkreises (164 S.)
2. Die 12 Gedanken zur Energie (108 S.)
3. Die 12 Phänomene der Schwingungen (60 S.)
4. Die 12 Qualitäten des Wassers (92 S.)
5. Die 12 Fundamente des Wohnens (96 S.)
6. Die 12 Grundprinzipien einer umfassenden Gesundheit (32 S.)
7. Die 12 Zonen des menschlichen Körpers (80 S.)
8. Die 12 Zutaten der Ernährung (60 S.)
9. Die 12 Flüge der Bienen (148 S.)
10. Die 12 Sichtweisen auf Genußmittel und Drogen (96 S.)
11. Die 12 Möglichkeiten der ganzheitlichen Medizin (92 S.)
12. Die 12 Ansichten über das Impfen (36 S.)
13. Die 12 Leitlinien der Erziehung (44 S.)
14. Die 12 Richtungen des Denkens (84 S.)
15. Die 12 Arten des Lernens (56 S.)
16. Die 12 Seiten einer umfassenden Bildung (36 S.)
17. Die 12 Ansätze zu effektivem Handeln (76 S.)
18. Die 12 Konzepte der Arbeit (48 S.)
19. Die 12 Arten der neuen Technologien (36 S.)
20. Die 12 Betrachtungsweisen der künstlichen Intelligenz (48 S.)
21. Die 12 Eigenheiten des Geldes (40 S.)
22. Die 12 Funktionen der Steuern (56 S.)
23. Die 12 Betrachtungsweisen der Sozialberufe (60 S.)
24. Die 12 Strategien der Macht (64 S.)
25. Die 12 Anforderungen an ein neues Wertesystem (48 S.)
26. Die 12 Bausteine einer neuen Gesellschaftsform (52 S.)
27. Die 12 Tore zur Sophikratie (80 S.)
28. Die 12 Pfade zum Frieden (48 S.)
29. Die 12 Säulen des Naturrechts (56 S.)
30. Die 12 Grundlagen der Beziehungen (52 S.)
31. Die 12 Spielfelder des Fußballs (108 S.)
32. Die 12 Wege der Kunst (60 S.)
33. Die 12 Wurzeln eines erfüllten Lebens (44 S.)
34. Die 12 Bereiche des Bewußtseins (56 S.)
35. Die 12 Tempel der Religionen (84 S.)
36. Die 12 Aspekte eines einheitlichen spirituell-physikalischen Weltbildes (72 S.)
37. Die 12 Dynamiken der Verwandlung (44 S.)

- Sammelband 1 „Natur“ (492 S.)
- Sammelband 2 „Gesundheit“ (512 S.)
- Sammelband 3 „Bildung“ (524 S.)
- Sammelband 4 „Gesellschaft“ (416 S.)
- Sammelband 5 „Psyche“ (380 S.)

Englische Buch-Ausgaben

die „Anfänger"-Reihe
- The Synthesis of Physics and Magic (192 p.)
- Telepathy for Beginners (60 p.)
- Telepathy for Advanced Learners (52 p.)
- Telekinesis for Beginners (56 p.)
- Life Force for Beginners (76 p.)
- Kundalini for Beginners (104 p.)
- Astral Projection for Beginners (60 p.)
- Meditation for Beginners (60 p.)
- Prophecy for Beginners (60 p.)
- Ritual Magic for Beginners (64 p.)
- Magic Chant for Beginners (108 p.)
- Invocations for Beginners (52 p.)
- Evocations for Beginners (62 p.)
- Auto-Movement for Beginners (60 p.)
- Elves for Beginners (56 p.)
- Hypnosis for Beginners (56 p.)
- Love Magic for Beginners (52 p.)
- Money Magic for Beginners (60 p.)
- Magic Objects for Beginners (64 p.)
- Shamanism for Beginners (52 p.)
- Chakra-Magic for Beginners (148 p.)
- Language of the Moon – for Beginners (128 p.)
- Self Knowledge for Beginners (60 p.)
- Da'ath-Magic for Beginners (64 p.)
- Astrology for Beginners (112 p.)
- Number Symbolism for Beginners (64 p.)
- Mandalas for Beginners (76 p.)
- Crop Circles for Beginners (344 p.)
- Feng Shui for Beginners (96 p.)
- Magic Research for Beginners (140 p.)
- Magic for Beginners – Anthology I (636 p.)
- Magic for Beginners – Anthology II (616 p.)
- Magic for Beginners – Anthology III (684 p.)
- Magic for Beginners – Anthology IV (580 p.)

Eilenstein, Frater V.D., Knecht, Büdenbender
- Living Magic (261 S.) (= „Magie heute")

sonstige englische Ausgaben
- The Biography of the Devil (140 S.)
- The Synthesis of Physics and Magic (192 S.)
- The Chakra-System with the Minor Chakras (304 S.)